L'AUTRE RIMBAUD

DU MÊME AUTEUR

La Captive de Mitterrand
prix Roger-Nimier
prix Bernard-Mazières
Stock, 2014
Le Livre de Poche, 2015

© L'Iconoclaste, Paris, 2020
Tous droits réservés pour tous pays.

L'Iconoclaste
26, rue Jacob, 75006 Paris
Tél. : 01 42 17 47 80
iconoclaste@editions-iconoclaste.fr
www.editions-iconoclaste.fr

DAVID LE BAILLY
L'AUTRE RIMBAUD

L'ICONOCLASTE
ROMAN

À César

« Pourquoi n'y a-t-il jamais un mot du frère Frédéric qui, à un an près, est du même âge que Rimbaud ? Ce frère passe pour avoir été un coureur de femmes, un homme qui aime la vie, un mauvais sujet comme on dit entre bigotes. De lui, je ne sais rien du tout. Peut-être était-il seulement une tête légère, un irrégulier, un outlaw de province, après tout, une ébauche ridicule de son frère. Mais il a vécu. Il est sans doute mort. Puisque l'on parle de la sainte mère et des saintes sœurs, il faut parler du frère mauvais sujet : il a beaucoup d'intérêt pour nous s'il n'en a pas pour la famille. »

André Suarès

Prologue

(Charleville, 21 juillet 1901)

Y aura-t-il de l'orage aujourd'hui ? *Le Courrier des Ardennes* et *Le Petit Ardennais* avancent des « risques importants ». Ça n'empêche, depuis l'aube, tous ils attendent, au pied des cafés, sur les terrasses déjà dressées, bras croisés, visages impatients.

Heure d'arrivée annoncée : 9 h 43.

Des gens de lettres, dit-on, journalistes à la mode, polémistes, comédiens à l'Odéon... Peut-être un ministre. Dans moins d'une heure, ils seront là, la plupart en habit. Et devant la gare de Charleville, sa façade bourgeoise encore récente, tout est en place, le décor, les figurants : commis d'hôtels, cochers, voitures prêtes à charger, chevaux hennissant, pressés de faire claquer leurs sabots sur les pavés. Il fait déjà chaud, et les quelques hommes attablés de l'autre côté de la place, peut-être parce que c'est dimanche, ont enlevé leur veston. Les yeux vitreux, un peu las, canotiers enfoncés au milieu du front, ils ne disent rien. Il est tôt, ils ne sont pas bien réveillés. Ils fument, ils mâchonnent, ils parcourent la presse du jour – il y a des élections cantonales mais pas à Charleville –, ils s'essuient le visage avec un mouchoir.

Autour du jet d'eau, au milieu du square, là où la cérémonie aura lieu, des couples de jeunes femmes déambulent en robe blanche, ombrelle à la main. Des nourrices poussent les landaus, à la recherche d'un peu d'ombre. Deux trois gosses avec des bérets, ils n'ont pas dix ans, costumes bleu marine à boutons dorés, se courent après, se tirent par la manche, miment un combat de boxe. Pas un nuage. L'odeur des matins d'été, grisante et irritante. Des massifs bien ordonnés montent des senteurs de roses, de géraniums, d'hortensias. L'œil averti reconnaît aussi les pétunias, les glaïeuls, les dahlias blancs, les giroflées.

Près du kiosque à musique, deux cantonniers disposent les chaises. On parle d'une centaine d'invités, voire davantage. Le monument est là, ou plutôt ce buste, recouvert d'un drapeau bleu-blanc-rouge. Étrange idée. Ce n'est pas un soldat mort au combat que l'on va honorer, mais un poète, et aussi, il ne faudra rien cacher tout à l'heure, un aventurier qui crachait sur Dieu, sur l'armée, sur les braves gens d'ici. Pas rancunière, la mère patrie : à ses enfants, elle pardonne les outrages, les injures. L'orchestre du 91e, celui qui tient garnison à Charleville, jouera donc en l'honneur de ce Arthur Rimbaud, c'est son nom, une musique inspirée de son poème le plus célèbre, qui parle de récifs et de poissons d'or.

On entend dire que ce n'est pas Hugo, ni même Gautier, cet illuminé qui s'en est allé si loin chercher fortune, en Abyssinie, avant de revenir crever dans ce pays qu'il avait tant maudit. « Un poète de second rang », juge *Le Petit Ardennais*. L'Église non plus ne le porte pas dans son cœur. « Les clous merveilleux qui se fabriquent ici, les chaînes robustes qui sortent de nos usines feront beaucoup plus pour le renom de Charleville, que tous les vers de

Rimbaud, écrit ce matin *La Croix des Ardennes*, le journal catholique. La plus grande partie de son œuvre est un parfait galimatias; des mots, rien que des mots, sans suite ni liaison. L'âme française n'a que trop de ces vers énervés, où l'on sent passer toutes les faiblesses d'une âme décadente. »

Et puis il se murmure des choses infâmes… Une histoire avec Paul Verlaine, prince des poètes peut-être, mais surtout détraqué notoire (demandez donc aux gens de Coulommes quel souvenir il a laissé, celui-là).

Mais à quoi bon remuer tout ça ? Voici une nouvelle fête, un nouveau bal. Parce que des occasions de s'amuser, il n'y en a pas beaucoup ici, il faut dire ce qui est. Hier soir, des baraques foraines se sont installées sur le trottoir. Et en face du Café de l'Univers, une estrade a été élevée pour les musiciens qui accompagneront les danseurs. Oui, la fête promet d'être belle.

À condition qu'il n'y ait pas d'orage.

Il faisait jour quand il a pris la route. Il est passé par Amagne, Sorcy-Bauthémont, Poix-Terron, pas un arbre à l'horizon, terres fadasses, ce matin-là brûlantes, chemins rectilignes bordés de charrettes, de granges toujours plus vastes. Cocotte et Bijou ont galopé à tombeau ouvert, cavalcade le long des champs devant des corbeaux effrayés. Cultivateurs et journaliers ont à peine eu le temps de lever la tête tandis qu'ils travaillent d'arrache-pied à la moisson qui vient de commencer.

L'homme qu'ils aperçoivent au loin, ils le connaissent, pour sûr. Depuis des années, on le voit courir de tous côtés sur les routes du pays, accroché à son siège, là-haut, gueulant à ses chevaux des mots incompréhensibles. Voyageurs, bagages, marchandises, il transporte de tout, traîne près des gares, celles du petit chemin de fer qui longe le val de l'Aisne, frontière entre le plateau champenois et la falaise ardennaise : Attigny, Voncq, Vouziers, Rilly-Semuy, Alland'Huy.

C'est un brave homme qui a eu des malheurs, et sa famille, dit-on, n'y est pas pour rien. Ces derniers temps, son visage s'est empâté, mais il dégage encore une impression de robustesse. Les cheveux sont blonds, filasse et clairsemés, les yeux d'un bleu assez clair, et on devine, peut-être à cause des lèvres charnues, du nez droit, qu'il a dû, plus jeune, plaire à certaines femmes. Ce matin-là, notre cocher est vêtu d'une curieuse façon. Il porte des guêtres et une redingote noire qu'il a laissée ouverte. Un habit pour les notables, les importants, ceux de la ville. Il doit crever de chaud là-dedans.

Probable qu'il va à un enterrement.

Ces paysans ont vu juste : Frédéric Rimbaud file bien au cimetière, celui de Charleville, où il lui faut arriver avant dix heures. Mais pas pour des obsèques. Non, aujourd'hui on rend hommage à son frère Arthur, le poète. Avant le début des cérémonies officielles, une couronne doit être déposée sur la tombe où il repose, dans le caveau familial. Frédéric tient à être là. Pour Arthur donc, et aussi pour sa sœur, Vitalie.

Vingt-six ans déjà.

S'il y réfléchit, c'est à partir de sa mort – la pauvre venait d'avoir dix-sept ans – que dans la famille tout était allé de travers. La dureté de la mère, l'échec de son mariage, l'errance d'Arthur dans ces pays d'Afrique... Leur déchéance à tous les deux.

Isabelle, l'autre sœur, sera là, avec ce mari grotesque, ce Berrichon, bègue vaniteux qui s'est approprié l'héritage d'Arthur, qui maintenant se permet de sculpter son visage, d'en livrer aux yeux du monde une forme définitive. Lui qui ne l'a même pas connu ! Et ces niaiseries qu'il empile dans ses livres, encouragé, c'est certain, par Isabelle...

Ah ! ces deux-là auraient tant voulu qu'il ne vînt pas...

« Si tu es là, la mère restera chez elle... »

Mais il en avait eu assez de céder, de se laisser faire. Alors il s'était accroché à son bon droit. Il était le frère du poète Arthur Rimbaud et il irait, ce dimanche 21 juillet à Charleville, assister à l'inauguration du monument érigé en son honneur. Et si la mère refusait de le voir au point de manquer la cérémonie, c'était son affaire. Elle n'avait qu'à s'en prendre à elle-même, à son orgueil.

Afin de marquer le coup, Frédéric avait participé à la souscription. Il avait donné vingt-cinq francs. C'était une somme. Son nom, le nom d'un conducteur de calèche, figurerait désormais près de ceux d'André Gide, Pierre Louÿs, Camille Pissarro, Auguste Rodin ou Eugène Rouart.

Berrichon avait protesté : « Nous ne devons pas accepter l'argent de Frédéric ! » Sous le prétexte qu'il eût été indécent, avait-il dit, que la famille Rimbaud participât financièrement à la glorification de son propre nom.

Foutaises !

Il était surtout furieux car, désormais, il leur serait impossible de ne pas l'avoir sur le dos, ce Frédéric Rimbaud que, tous, ils prenaient pour un imbécile. Et voilà qu'en plus la pingrerie de la famille se voyait étalée au grand jour, la mère et la fille s'étant bien gardées, elles, de verser un centime.

Oui, Isabelle et Berrichon auraient voulu le cacher, lui, le charretier, le camionneur d'Attigny, le domestique de l'Hôtel de la Gare.
Ils auraient voulu pouvoir dire :
« Arthur avait un frère, mais il est mort. »
Ils ont honte.
Ou peut-être ont-ils peur de ce qu'il peut raconter, de ce qu'il sait, et il en sait beaucoup, bien plus qu'eux. À Arthur, il a été uni comme personne ne le fut par la suite, uni comme on l'est à un jumeau. Élevés ensemble, partageant la même chambre, les mêmes jeux, les mêmes punitions, les mêmes révoltes contre la mère. Arthur, sûr de lui, secret, méfiant ; Frédéric, affable, franc, dévoué. Longtemps, le second fut le seul public du premier, et Frédéric se souvient bien de leurs veillées, quand, chandelle éteinte, Arthur, d'une voix trépidante et aiguë, lui lisait ses poèmes. Celui qu'il avait envoyé au prince impérial, en vers latins, combien de jours à le corriger, à le réécrire ? Et cette histoire d'orphelins qui à chaque fois lui serrait le cœur : « La chambre est pleine d'ombre ; on entend vaguement / De deux enfants le triste et doux chuchotement. »

Plus tard, faute de s'être compris (mais qui avait compris Arthur ?), ils s'étaient éloignés. Puis il y avait eu les brouilles. Arthur avait renoncé à être un frère, et ce faisant, il avait arraché à Frédéric une part de lui-même ; il avait fallu apprendre à vivre avec cette absence, ce manque physique, comme on apprend à vivre sans ombre, sans reflet. Ces derniers mois, peut-être un contrecoup de la mort de Blanche, Frédéric s'était rappelé leurs jeux d'enfants, les coups de poing, les vipères qu'ils allaient chasser en forêt, le chat des voisins, rue Forest, qu'ils martyrisaient, les vitrines de Noël contre lesquelles ils adoraient se coller à la nuit tombée. Combien en avait-il lu, des articles, des études, consacrés au poète Arthur Rimbaud, avec l'espoir imbécile de retrouver à travers les mots des autres le frère qu'il avait aimé ? Il avait dû admettre que le souvenir du garçon qu'il avait connu n'appartenait qu'à lui, disparaîtrait avec lui. Assister à cette cérémonie, c'était bien le moins qu'il pût faire. Quand les littérateurs s'apprêtaient à honorer le poète, Frédéric, lui, se faisait fort de témoigner, seul et silencieux, qu'Arthur Rimbaud, au commencement, avait été un frère et qu'il n'en fut pas moins admirable.

S'il voyait tout ça, cet orchestre, ce buste... En rigolerait-il, lui qui se foutait de tout ? De la patrie, et Frédéric le lui avait assez reproché.
Et de Dieu, n'en parlons pas.
Le proviseur du collège l'avait prédit : « Ce sera le génie du bien ou le génie du mal ! »

De la vie d'Arthur, Isabelle et Berrichon ont fait une fable. Ce n'est plus un poète, c'est un demi-dieu, un prophète, converti sur son lit de mort après des années d'impiété.
Lui, Frédéric, il sait. Il sait que le mensonge est le ciment de la famille. Ce qu'elle a trouvé de mieux pour se protéger des voisins, des « étrangers ».
« Si on vous demande pour votre père, vous dites qu'il est mort », avait ordonné la mère après que le capitaine avait fichu le camp. Elle-même avait montré l'exemple, qui signait chaque formulaire administratif « Veuve Rimbaud ». Répété *ad nauseam*, le mensonge était devenu vérité : tous les

enfants avaient fini par se persuader que le père était réellement décédé.

Tous, sauf Frédéric.

Launois-sur-Vence, entrée dans la forêt.

Terres déclives, herbeuses, points de vue plongeants sur des clochers assoupis; routes tournoyantes et ombragées; troupeaux suspendus sur les plateaux inclinés, assommés par le soleil.

Les Ardennes.

Bientôt ce sera Charleville, et il les imagine, sa sœur et son Berrichon, s'affoler quand ils le verront s'avancer vers le kiosque à musique, devant le maire, le préfet et les autres.

« Bonjour mesdames, bonjour messieurs, je m'appelle Frédéric Rimbaud, je suis le frère d'Arthur. Après ce qui vient d'être dit, je veux fournir des renseignements plus précis… »

Oui, son discours, il le commencerait ainsi.

Sa parole vaut de l'or. Combien sont-ils, biographes, fidèles, à lui avoir écrit depuis la mort d'Arthur?

Mais il ne montera pas à cette tribune. Pas plus

qu'il ne répondra aux courriers reçus. Pas maintenant en tout cas. Il fait le mort, c'est la famille qui l'exige.

C'est la place qu'elle lui a assignée.

*

La cérémonie a commencé avec du retard. Square de la Gare, devant le buste d'Arthur Rimbaud, quatre orateurs se succèdent: Gustave Kahn, directeur de la revue *La Vogue*, Edmond Bouchez-Leheutre, maire de Charleville, Alfred Bardey, employeur d'Arthur Rimbaud à Aden, et enfin Jean Bourguignon, auteur d'une étude sur la vie du poète.

« *En acceptant ce buste, Charleville devient une seconde fois, d'une façon pour ainsi dire définitive, la patrie d'Arthur Rimbaud.* »

Frédéric écoute d'une oreille. Il bâille. La mère n'est pas venue et tout le monde doit se demander ce qu'elle a. Maladie? On l'aperçoit pourtant encore, dans les rues, faire son marché, et si elle n'y voit plus beaucoup, ça ne l'empêche pas de marchander ses poulets au centime près. Inflexible, cassante, avec sa voix de crécelle. La voilà consacrée, elle, la paysanne, mère du grand poète Arthur Rimbaud, récompensée de sa vigilance, de son intransigeance. Sans elle, point de *Saison en enfer*, point d'*Illuminations*, point de « Bateau ivre » ! Et cette part de gloire qui lui revient, voici qu'elle la refuse, qu'elle se retire, simplement parce qu'elle ne veut pas se retrouver à côté de lui, de cet autre fils qu'à présent elle renie.

« Il faisait des vers d'enfant sublime à l'heure où l'Empire bâillonnait la presse et le livre. »

Ils lui ont à peine serré la main – cette manie de Berrichon de s'essuyer dans sa barbe avant de vous toucher –, puis ils ont bien pris soin de faire réserver les chaises autour d'eux. Surtout ne pas le laisser s'asseoir à leur côté. Ne pas donner à penser qu'il ferait partie de la famille. À Isabelle et à son époux, donc, le premier rang, près du maire, du préfet, des acteurs de l'Odéon qui, tout à l'heure, liront « Le Bateau ivre ». Tous ceux-là se retrouveront après, à l'Hôtel Renaissance, maison aux allures de château hanté, sur les Allées, invités par Georges Corneau, le patron du *Petit Ardennais*. Frédéric n'a pas été convié. Lui, on l'a mis au deuxième rang, avec les conseillers municipaux, les amis d'amis, les pique-assiettes.

« Son cœur battit d'accord, avec ceux de la phalange sacrée qui lutta jusqu'à la mort pour la République, pour la liberté, pour la révolution sociale. »

La foule est là, des badauds, des curieux ; messieurs en habit et chapeau haut de forme, femmes en tenues légères et colorées. C'est un beau dimanche. Frédéric a mis son gibus en feutre gris, celui acheté pour son mariage. Il a soif, transpire à grosses gouttes malgré les arbres qui font un peu d'ombre. Ses souliers neufs lui déchirent la peau. À travers les séquoias, il observe le tramway inauguré l'an passé, en station devant l'entrée de la gare, les réseaux de fils électriques suspendus à des poteaux; les réclames au front des voitures, les potages Maggi, le chocolat Menier.

« Il n'écrivit ni pour le gros public à qui il faut beaucoup expliquer, ni pour ses confrères à qui il eût fallu expliquer plus encore. Il écrivit pour lui, et pour ceux qui viendraient. »

Depuis combien d'années ne les a-t-il pas vus? Pierquin, Delahaye, Jolly, les anciens du collège. À peine s'il les a reconnus, et l'inverse est sans doute vrai. Et Labarrière? Pourquoi n'est-il pas là? Ce qu'ils ont pu en passer, des heures, après l'école, à l'écouter déclamer son interminable production : vers, romans, drames. Évidemment, c'était beaucoup moins bien que ce qu'écrivait Arthur. Alors Frédéric se moquait, et quand il se faisait tard, pour signifier qu'Arthur et lui en avaient assez entendu, il tirait sur la sonnette d'une maison. Et tous de détaler dans des directions opposées.

« Le monde pensant aujourd'hui félicite Charleville d'inaugurer parmi la beauté de l'été, parmi l'éclat des vers et de la musique, l'image d'un grand écrivain. »

Ils ont fait mine d'être heureux de le revoir, mais il n'est pas dupe. Il sait que pour eux, il est le raté, le déclassé, celui qui s'est compromis par un mauvais mariage. Déjà, à l'époque, il était le cancre, le benêt. Le premier à être puni, à prendre pour les autres. Eux, bien sûr, ils se sont débrouillés, ils se sont trouvé une situation, ils ont épousé des bourgeoises, ou des cousines. À la mairie, tout à l'heure, pendant le vin d'honneur, ils n'en avaient que pour Isabelle et Berrichon, et autour d'eux ils s'agglutinaient. Des mouches sur de la merde. Pas un n'a eu un mot sur la mort de Blanche. Sont-ils seulement au courant ?

« C'est vous dire combien je suis heureux de participer à la cérémonie d'un poète fêté par des poètes, c'est-à-dire des hommes qui, voyant les choses d'ici-bas, avec un prisme lumineux et sous

un bienfaisant mirage, ont les idées larges, l'esprit ouvert et le cœur généreux. »

Frédéric a ôté son chapeau. Les cheveux qui lui restent collent à son large front. Les femmes déploient leurs éventails, des promeneurs se fraient un chemin. Quel drôle de nez il lui a fait, Berrichon… Arthur n'avait pas ce nez-là. Pas aussi long. Et le bout certainement pas aussi gros. Personne ne lui a demandé de corriger ? Et Isabelle, elle a quand même eu le temps de le scruter, le nez d'Arthur, elle qui raconte partout qu'elle a veillé sur lui jour et nuit lors de son agonie… Elle ne pouvait pas lui dire, à son Berrichon, que non, Arthur n'avait jamais eu un nez comme celui-là ?

« Il méritait sans aucun doute l'hommage qui lui est rendu par les poètes et par ses amis et concitoyens, et ce sera pour sa famille, et spécialement pour sa brave et digne mère, une consolation à sa fin si cruelle et si prématurée. »

Ce qu'il donnerait pour que ses gosses soient là, ce qu'il serait fier. Leur raconter la barque des tanneurs, devant le collège, où chaque matin avant la classe Arthur et lui sautaient à pieds joints ; les marches à travers la forêt, le dimanche, jusqu'à Bouillon, de l'autre côté de la frontière, et les scènes de la mère quand ils rentraient le soir, puants et crottés ; leur refus de retourner au collège après la défaite ; les océans traversés ; les voyages fabuleux, ceux qu'ils avaient rêvés et ceux faits pour de vrai, bien plus tard.

« *Il pensa à éprouver des sensations nouvelles : vertiges, délires, hallucinations, et il les chercha dans les excitations sensorielles à la disposition de l'homme, dans l'ivresse de l'alcool, du tabac, de l'opium, dans les voyages aux étranges et multiples aventures.* »

Arthur n'était pas un saint, mais le plus incompris des hommes. Même lui, Frédéric, n'avait rien vu, rien senti. Et il l'avait laissé fuir, ce frère qui avait tous les talents, mais ennuyé de lui-même, cœur précocement atrophié. La dernière fois qu'ils s'étaient vus, à Roche, Arthur avait reparlé de ce cul-de-jatte sur qui ils avaient jeté des pierres. « J'ai peur du châtiment », avait-il dit. Dix ans après, on lui coupait la jambe.

« Dans sa hâte de vivre et de jouir, il semblait rappeler ces insectes dont l'éphémère existence équivaut à un siècle et embrasse un monde de sensations. Dans sa haine des entraves, il semblait vouloir échapper à la condition humaine. »

Que s'était-il passé ? Quelle malédiction ? Eux, enfants sublimes, graves et angéliques, insolents et rêveurs, devant qui le monde s'inclinait. Comment en être arrivé là, à errer sans but, sans espérance, et toujours cette famille qui les retenait, les rattrapait, jusqu'à s'approprier le peu qu'ils avaient laissé. Arthur, son œuvre et sa mémoire. Lui, le foyer qu'il avait fondé.

Oui, que s'était-il passé ?

*

La nuit est tombée. Une foule dense se presse au pied de l'estrade, devant le Café de l'Univers. Les musiciens commencent à jouer, deux trois couples se mettent à danser. L'air est suffocant, les nuages gigantesques comme des ballons prêts à éclater. À l'intérieur, ça chante, ça rit, ça hurle. On se serre, on se frotte pour passer entre les tables. Arthur Rimbaud, tous, ils l'ont oublié. C'est l'été, les pioupious ont soif, et pas seulement d'alcool, et pour eux, les jeunes femmes, des employées, des domestiques, ont des regards appuyés.

Frédéric est là, au milieu de ce peuple qui ce soir veut s'offrir du bon temps. Tant pis si on ne fait pas attention à lui. Tant pis s'il n'a plus vingt ans. Il boit, seul, des Picon bière, et il se dit que lui aussi, à leur âge, il en a profité. À quoi bon cette mélancolie ? Ses enfants lui manquent. Émilie, qui a eu seize ans hier ; Léon et Nelly, qui, à leur tour, fêteront leur anniversaire dans quelques jours. Tous, il ira bientôt les voir. Comme à chaque fois, il leur parlera de Blanche, de la jeune fille aux joues roses qu'il a aimée, mais à leur question, la même depuis des années – pourquoi maman est partie ? –,

il opposera un silence têtu. La réponse, il croit la connaître, mais il n'est pas poète, il n'a pas les mots, les mots justes, et il enrage.
Contre lui, sa faiblesse.
Contre la mère, contre la sœur.
Il serre son verre, si fort qu'il se brise. Le sang coule. On se retourne vers lui.
«Un verre cassé! L'orage va éclater!», lance, avec un fort accent ardennais, un type éméché en bras de chemise.
Quelques instants après, le tonnerre gronde. Une pluie diluvienne, agréablement chaude, se déverse sur la place.

Il faut se méfier des livres que les autres ont échoué à écrire.

Se méfier aussi des mauvais sujets, ces ouvrages que par bravade, par esprit de justice, l'on se met en tête d'écrire sur les poissards, ceux qui se passent la corde autour du cou, se balancent d'un sixième étage, se jettent sous la rame d'un métro.

Se méfier de notre pitié, de notre compassion morbide pour la déchéance.

Se méfier des « losers », des damnés : car il y a de fortes chances que de leur vie maudite naissent des livres tout aussi maudits.

Ou pire, pas de livre du tout.

La poisse est contagieuse, elle contamine ceux

qui l'approchent : aucune raison que les écrivains soient épargnés, immunisés. Se consacrer aux vaincus, aux effacés, aux oubliés, c'est prendre le risque de rejoindre leurs bataillons, de devenir à son tour un vaincu, un effacé, un oublié.

Voilà pourquoi la plupart des auteurs, du moins ceux qui aspirent à la reconnaissance et à ses attributs, préfèrent brosser le portrait des puissants, des starlettes les plus ordinaires aux monarques les plus absolus, espérant jouir d'une part de lumière, comme les animaux de compagnie des restes d'un festin. Ils spéculent sur la bonne fortune de leurs modèles, et ils n'ont pas tout à fait tort : la chance aussi est contagieuse. Les puissants intéressent, leur vie, leur réussite, leurs déboires, ils font vendre, ces gens-là, et ce serait en soi une raison suffisante pour leur consacrer quelques jours de labeur.

Comme disait ma mère : « Faire la pute, oui. Encore faut-il la faire bien ! »

Dans mon métier de journaliste, il m'arrive parfois d'écrire sur des personnages de « maudits », de

« vaincus », peu importe d'ailleurs qu'à un moment certains aient été riches, puissants ou célèbres. Ce qui compte à mes yeux, c'est la fin, la conclusion qui donne à ces destins une couleur définitive, le regard que l'opinion, la société, vont garder d'eux, le sentiment ou non d'un échec, d'une vie ratée.

Ceux-là sont des « sans-voix », rayés de la mémoire collective, ou bien passés de mode. On ne peut plus, on ne veut plus les entendre. Mon rôle est de leur redonner la parole.

Aussi, quand j'ai entendu dans une émission de France Culture – « Les Masterclasses » – l'écrivain Pierre Michon parler du frère d'Arthur Rimbaud, tout de suite j'ai pensé : « Ça, c'est une histoire pour moi. »

L'auteur des Vies minuscules *revenait avec le journaliste Arnaud Laporte sur les projets de livres qu'il avait échoué à terminer. Il prenait l'exemple de l'ouvrage qu'il avait consacré à Arthur Rimbaud (*Rimbaud le fils), *qui pourtant, lui, avait vu le jour. Voilà ce qu'il disait :*

« *Ce livre, ça devait être, non pas l'histoire d'Arthur Rimbaud, mais l'histoire de son frère, Frédéric Rimbaud. Son frère était un homme beaucoup moins fortuné intellectuellement, et puis il conduisait l'omnibus de la gare d'Attigny à l'hôtel d'Attigny. Oui, je voulais écrire l'histoire de Frédéric, je n'y arrivais pas...* »

J'ignorais qu'Arthur Rimbaud avait eu un frère. Dans la mythologie parvenue jusqu'à moi, le poète avait seulement eu une mère, avec qui les relations étaient réputées difficiles. Une mère castratrice, m'étais-je imaginé, qui avait tout investi dans la réussite sociale de son fils jusqu'à le nier et à l'écraser, rêvant pour lui d'une carrière de percepteur des impôts, surtout pas de poète ou d'écrivain. Bref, une mère qui ressemblait à la mienne, d'où un intérêt certain, plus jeune, pour la vie d'Arthur Rimbaud, même si son œuvre, elle, m'avait laissé plutôt froid.

L'irruption d'un frère venait bouleverser ce tête-à-tête trop évident, ce schéma rebattu. Frédéric donnait à l'histoire du poète un autre ressort, il la complexifiait.

Ce frère, cet autre Rimbaud donc, la mère l'avait-elle aimé ? Plus ou moins qu'Arthur ?

Avait-elle fait preuve avec lui de la même sévérité ?

Et entre ces frères, quelles avaient été les relations ? S'appréciaient-ils ? Ce Frédéric avait-il été sensible à la poésie d'Arthur ? L'avait-il jalousé ? Ou au contraire encouragé ?

Mais pour être tout à fait sincère, ces questions vinrent plus tard.

Ce qui, dans les propos de Pierre Michon, provoqua en moi une réaction instinctive, ce fut le destin de cet homme, ce conducteur d'« omnibus de la gare d'Attigny à l'hôtel d'Attigny ». Cette vie circonscrite à un métier, simple, répétitif, à une zone géographique extrêmement délimitée. Des images affluèrent aussitôt. La figure du cocher, celle des romans du XIXe : espion, alcoolique, un peu louche.

Et ces omnibus de campagne, à quoi ressemblaient-ils ? En tapant sur mon clavier « omnibus » et « XIXe siècle », je tombai sur une série de gravures, de vieilles photos, calèches tirées généralement par deux chevaux.

De l'omnibus, on trouve aussi cette « définition » de Paul Verlaine dans son poème « La Bonne Chanson », écrit quelques mois avant sa rencontre avec Arthur Rimbaud :
« L'omnibus, ouragan de ferraille et de boues,
Qui grince, mal assis entre ses quatre roues,
Et roule ses yeux verts et rouges lentement »

À côté d'Arthur le voyageur, qui avait passé dix ans dans la Corne de l'Afrique avant de revenir mourir à Marseille, il y avait donc eu Frédéric le sédentaire, le rustique, l'homme d'Attigny, petit bourg des Ardennes au sud de Charleville, là où Arthur avait grandi et collectionné les premiers prix au collège. Je me projetais déjà, prenant un appartement à Charleville-Mézières, ou bien à Attigny, déambulant des semaines entières le long de cette ligne d'omnibus, à la recherche – naturellement impossible, mais d'autant plus excitante – de tout renseignement, même le plus infime, sur un homme qui avait vécu plus d'un siècle auparavant.

L'hôtel d'Attigny existait-il encore ? Peut-être y avait-on conservé, dans un grenier ou une cave, et sans le savoir, des archives depuis longtemps oubliées ?

Attigny : ce nom me faisait déjà rêver. Tellement plus dépaysant, pour le Parisien que j'étais, que Dubai ou Bornéo.

Une autre phrase de Michon m'avait particulièrement frappé :

« Il était moins fortuné intellectuellement. »

À vrai dire, ces mots-là, je ne les avais pas retenus. Ou plutôt, je les avais transformés en une phrase qui ressemblait peu ou prou à celle-ci :

« Il était intellectuellement limité. »

Ce n'était pas ce qu'avait dit Michon, mais c'était ce que j'avais entendu.

Je m'étais aussitôt figuré Frédéric Rimbaud comme un simple d'esprit, semblable peut-être à Benjy, ce personnage du roman de Faulkner, Le Bruit et la Fureur, *que j'étais alors en train de lire ; et j'étais fasciné, davantage encore, par cette injustice, par cette intelligence inégalement répartie entre les deux frères. Deux garçons ayant grandi dans la même famille, avec les mêmes parents : pourquoi à l'un le génie, et à l'autre le néant ? Où se trouvait la réponse ? Dans la biologie ? Dans les caractères ? Dans l'amour maternel ? La chance y avait-elle un rôle ?*

Autant de questions autour d'un homme, et autant de mystères : je comprenais pourquoi Michon s'était intéressé à cet autre Rimbaud. À cette « vie minuscule ». J'occultais cependant un fait majeur : à ce projet, Michon avait renoncé. Pourquoi ? Il ne le disait pas dans l'émission. Je ne cherchais pas à en savoir plus, ni à entrer en contact avec lui, fonçant tête baissée à la rencontre de mon personnage.

Frère

Ils longeaient le quai de la Madeleine, retour de l'école. Silencieux, à leur habitude. Difficile de ne pas les remarquer, les deux garçons étaient vêtus à l'identique : paletot noir, col blanc rabattu, pantalon de drap bleu ardoise. On eût dit des enfants anglais. Indéniable, également, leur air de ressemblance, des yeux d'un bleu très pur, des joues roses, même si Frédéric, l'aîné, était plus grand, plus trapu, démarche engourdie comme s'il sortait d'un long sommeil.

À sa mine contrariée, il y avait une raison : cette récitation, tout à l'heure...

Di, quibus imperium est animarum, umbraeque silentes...

Le seul vers de Virgile qu'il avait pu articuler.

Rousseau et Leroy s'étaient foutus de lui, l'avaient bousculé dans l'escalier, et lui, il n'avait pas réagi.

Pourquoi se laissait-il faire ? Quand se mettrait-il dans le crâne que la Bible c'était une chose, et la vie une autre ? Qu'à tendre la joue quand il se faisait marcher dessus, il se couvrait de ridicule ? Il s'imaginait les empoigner par le col l'un après l'autre, de ses grosses mains rouges couvertes d'engelures, les soulever, les étrangler comme des poulets trop maigres. Il voyait leurs yeux tourner sur eux-mêmes, il les entendait promettre – « jamais plus ! » –, le supplier – « s'il te plaît Frédéric ! ». Et lui, jouissant de sa vengeance, implacable à l'instant de la pression fatale : « Trop tard ! »

Arthur sifflotait. Cœur léger. Probable qu'il rapportait une nouvelle copie parfaite, succession de vers latins qui mettait en extase les plus sévères des professeurs. Dans son dos, les autres élèves le traitaient de « sale petit cagot ». De faux-cul en quelque sorte. Il s'en fichait. Bravache, il prétendait même que ce n'était pas entièrement faux.

Depuis quelques semaines, la mère ne venait plus les chercher. Ivresse des retours, seuls, libres d'aller où bon leur semblait. Au bord de la Meuse, se moquer des futurs mariés, sur les bancs, qui se regardaient avec un air stupide ; rue du Petit-Bois, devant la boutique de farces et attrapes, manigancer les coups les plus tordus pour effrayer leurs bécasses de sœurs ; sur la place Ducale, sentir l'odeur des gaufres et des sucres d'orge.

Le jour avait baissé. L'air était doux et les deux garçons avaient laissé leurs manteaux ouverts. Les arbres fleurissaient ; premiers effluves du printemps.
Alors qu'ils avaient commencé à traverser, Frédéric et Arthur aperçurent de l'autre côté de la route un vieil homme assis sur des marches, front dégarni, barbe frisotante suspendue à un nez busqué. S'approchant, ils comprirent que c'était un vagabond, vêtements déchirés en haut du torse,

godasses trouées qui laissaient apparaître des ongles sales, durs comme de la roche. Une peau sombre. Rentrait-il d'un pays chaud – un ancien bagnard ? Ou était-il crasseux ? L'homme fixait les garçons de ses petits yeux noirs. On eût dit qu'il s'apprêtait à les saisir à la gorge.

Un bref échange de regards, et les frères se mirent à courir. Filant à toutes jambes devant le clochard, puis bifurquant dans la rue du Moulin, où ils s'arrêtèrent, essoufflés, face à la boulangerie. La fournée du soir venait de sortir. Affamés, ils s'approchèrent ; l'odeur du pain chaud leur monta à la tête.

Arthur demanda à Frédéric s'il avait vu la jambe de bois du vagabond.

L'aîné crut que le cadet se foutait de lui, comme à l'ordinaire. Mais Arthur insista, jura ses grands dieux qu'il n'inventait rien : l'homme avait un morceau de bois, là, sous la cuisse droite, c'était atroce, comment avait-il pu rater ça ? Il proposa à Frédéric de retourner y voir de plus près. Ce dernier salivait devant les clients qui sortaient avec de belles miches dorées. Il n'avait aucune envie de faire demi-tour. Le mendiant lui avait suffisamment fichu la trouille.

« Pas question. »

Alors Arthur se campa devant lui. Et avec cet air supérieur qu'il lui arrivait de prendre, cet air dont il savait à quel point il exaspérait son frère, il déclara qu'il irait seul. Oui, il allait parler à cet infirme, il n'était pas une mauviette !

Frédéric haussa les épaules, rétorquant avec un sourire placide :

« La mère va être furieuse. »

Convaincu que cet argument-là ramènerait le cadet à la raison. Mais celui-ci avait déjà commencé à marcher. Frédéric compta jusqu'à dix, priant pour qu'Arthur se ravisât. En vain. Alors, à contrecœur et parce qu'il se sentait le devoir de veiller sur son frère, il le suivit.

À l'angle du quai, devant ce Vieux Moulin posé sur la Meuse, Arthur fit signe à Frédéric de s'arrêter. Il avança la tête sur le côté, puis recula brusquement. Ses yeux brillaient.

« Quoi ?

– Approche ! »

Frédéric se pencha. Le vagabond s'était levé. Il marchait en claudiquant dans la direction opposée, celle du collège. Arthur avait dit vrai : l'homme avait une jambe de bois, on ne voyait même que ça.

« On s'en va ! », ordonna-t-il d'une voix mal assurée.

Loin de l'écouter, Arthur se glissa de l'autre côté, longeant les austères bâtisses du quai de la Madeleine, une centaine de mètres derrière le clochard. Frédéric protesta, agita le spectre d'une punition exemplaire, le soir, en rentrant. Rien n'y fit. Il n'eut pas d'autre choix que de prendre le sillage de son frère.

Il en avait assez à présent. Ce qui le tracassait, c'était l'heure qui tournait, le temps qu'ils perdaient. Jamais ils ne seraient rentrés avant six heures et demie. Et Arthur qui se foutait de lui effrontément... N'était-il pas l'aîné, celui qui devait se faire obéir ?

Sa colère monta, et tandis qu'ils allaient repasser devant le collège, il hurla un « merde ! » qui fit sursauter l'homme à la jambe de bois. Celui-ci se retourna et s'aperçut de la présence d'Arthur, quasiment collé à lui. Eut-il peur ? Toujours est-il qu'il leva le bras avec l'intention apparente de le frapper. Mais son geste fut si lent, comme si ce bras n'avait plus de ressorts, qu'Arthur eut le temps d'esquiver et de reculer d'un bon mètre. Les frères se retrouvèrent côte à côte, face à cet infirme en haillons et au regard furieux, qui s'était mis à proférer un tas de jurons en italien.

Ils étaient fascinés. L'homme leur faisait penser à ces personnages méridionaux, grotesques, qu'ils voyaient le dimanche dans les théâtres ambulants. Il puait. Jamais ils n'avaient vu une jambe de bois d'aussi près. Elle leur parut terrifiante. Une masse qui eût pu pulvériser un crâne.

Cette jambe, voilà que le vagabond la lançait vers eux comme un poignard dans un numéro de cirque. On eût dit qu'il avait puisé dans sa rage une nouvelle énergie, fixant chacun des frères à tour de rôle, comme s'il hésitait par lequel commencer sa sale besogne. Frédéric observa les alentours : la nuit tombait, le quai était désert. Il vit alors Arthur ramasser de petites pierres sur un talus et viser le mendiant. L'homme se protégea le visage avec les bras. Arthur s'approcha, le mitrailla de plus belle. Frédéric lui cria d'arrêter, mais son frère continuait à rafler de nouvelles pierres et à les jeter sur sa cible.

Frapper un infirme ? Sacrilège ! Frédéric fit mine de partir, mais le boiteux, soudain, s'était redressé, hurlant à la mort. Un caillou l'avait touché à l'œil. Frédéric crut voir du sang couler sur ses joues. L'homme titubait, mais réussit à agripper Arthur par le manteau, à le faire presque tomber. La jambe de bois effleurait maintenant son visage. Alors, à son tour, Frédéric saisit un tas de pierres, les plus grosses, les plus tranchantes, et, de toutes ses forces, les lança sur la figure du vagabond.

*

Sur le chemin du retour, Frédéric et Arthur ne dirent pas un mot. Leurs têtes bourdonnaient d'images et de cris. L'un et l'autre ébranlés par la violence dont ils avaient été capables. Effrayés par le châtiment divin qui, ils en étaient certains, ne manquerait pas de leur être infligé.

Il faisait nuit depuis longtemps quand ils franchirent la porte cochère de la rue Forest. Couverts de poussière, mains et visages; vêtements froissés. Ils firent le serment de ne raconter à personne ce qui venait d'arriver. Même à confesse.

*L*a photo en couverture de ce livre est une des plus célèbres d'Arthur Rimbaud, la plus ancienne aussi : sa première communion, faite avec son frère Frédéric. Le cliché a été pris en 1866. Arthur a onze ans, Frédéric douze. Les deux garçons viennent d'entrer au collège de Charleville.

L'histoire de cette photo est édifiante. Elle m'a aidé à comprendre pourquoi, depuis plusieurs mois, je tournais autour de Frédéric Rimbaud, personnage ignoré des biographes et autres exégètes du poète. Jusque-là, je pressentais qu'il y avait quelque chose de terrible dans la vie de cet homme, quelque chose qui méritait d'être raconté, mais impossible de le formaliser, de saisir ce qu'il *y avait de plus qu'une simple bonne histoire. Le destin de cette photo a achevé de me convaincre: oui, à la vie de Frédéric Rimbaud, j'avais eu raison de m'intéresser. Et oui, lui consacrer un livre – lui redonner vie en quelque sorte – était une nécessité.*

Le thème est classique: deux adolescents, « cheveux lissés avec de l'eau sucrée », comme l'a écrit Paul Claudel, missel à la main, regards graves, avec, chez Arthur, une pointe d'insolence. Les frères Rimbaud portent le même costume, le même col de chemise, les mêmes souliers. Frédéric est plus massif, plus joufflu. Il se tient debout, droit, main sur le cœur, attitude dominatrice. Il est l'aîné, et peut-être a-t-il envie de le montrer, de le signifier. Il prend sa place, et même davantage, empiétant sur Arthur, qui, lui, doit se pencher sur sa gauche afin d'éviter le coude relevé de son frère. Le futur poète semble presque extérieur à la scène, spectateur, ou bien observateur du travail du photographe.

La première publication de cette photo eut lieu en juin 1922, lors de la parution des œuvres complètes d'Arthur Rimbaud aux éditions de la Banderole. En réalité, ce fut un cliché « légèrement » retouché que découvrirent les lecteurs de l'époque. Frédéric, en effet, avait disparu. Ce n'était pas seulement qu'on avait coupé la photo en deux. On avait effacé toute trace de sa présence : le bras, en particulier le coude qui débordait sur l'épaule d'Arthur, ainsi que le bas de son veston avaient été supprimés. Plus surprenant encore, la silhouette d'Arthur, elle, avait été redressée. Le voilà qui, soudain, paraissait beaucoup plus sûr de lui, avec, dans les yeux, la même lueur ironique. Sur ce cliché, Arthur Rimbaud ressemblait à un petit prince, un petit prince des lettres, du moins à la représentation qu'on pouvait en avoir.

En quoi était-il gênant, ce frère ? Pourquoi l'éliminer ainsi ?

Était-ce rabaisser la gloire d'Arthur que de le laisser poser à côté de lui ?

Et pour quels motifs, d'ailleurs ? Parce que ce frère avait été un cancre ?

Parce qu'il avait occupé des emplois dits

« subalternes », domestique, camionneur ? Pour le dire autrement, parce que toujours il avait été considéré comme un « raté » ?

Ce n'était que ça, vraiment ?

N'y aurait-il pas eu une autre raison ? Une raison qui aurait tenu à l'histoire familiale, à ses conflits extrêmement violents ?

Dans les régimes totalitaires, on efface des images les opposants, les résistants, les dissidents.

Frédéric Rimbaud avait-il été un de ceux-là ?

Il fallut près d'un siècle pour savoir qui avait falsifié cette photo. Lors d'une donation faite au musée Rimbaud, en 2012, par la fille d'André Gide, réapparut en effet le cliché retouché. À son dos, une mention écrite de la main d'Isabelle Rimbaud, la sœur de Frédéric et d'Arthur :

« Je certifie que ce portrait est bien celui de mon frère Arthur Rimbaud à l'âge de 11 ans. »

Isabelle avait signé son « crime ». Gardienne de la mémoire du poète, elle avait déjà beaucoup œuvré pour rayer Frédéric de l'histoire familiale.

Au point de faire supprimer toute allusion à son existence dans la correspondance africaine d'Arthur Rimbaud, qu'elle fit publier après la mort de celui-ci. Elle fut assistée dans cette entreprise par Paterne Berrichon, son époux, grand admirateur de Rimbaud avant d'en devenir le biographe le plus controversé. Si Isabelle, décédée en 1917, ne put prendre part à l'édition de la Banderole, ce ne fut pas le cas de Berrichon, qui lui survécut, héritant de précieux documents, dont ce « portrait » du poète qu'il décida de rendre public.

Quelque temps plus tard, en 1930, une nouvelle version de cette photo fut publiée par la biographe Marguerite Yerta Méléra, très proche, de son vivant, du couple Isabelle Rimbaud/Paterne Berrichon. Cette fois-ci, Frédéric est de retour. Mais sa silhouette paraît moins épaisse, légèrement inclinée sur le côté par rapport au cliché original. Surtout, il ne mord plus sur l'espace vital d'Arthur, qui conserve sa pose redressée. Comme le fait observer le libraire Jacques Desse – un des premiers à s'être intéressé à l'histoire de cette photo –, l'autre Rimbaud semble faire escorte à son frère, plutôt que le bousculer.

Nouvelle tromperie. Nouveau faux.

Décidément, ce Frédéric Rimbaud était un sujet bien embarrassant, pour qu'on se décidât, tantôt à l'effacer, tantôt à corriger son attitude.

C'est ce dernier cliché qui, jusqu'à l'an passé, accueillait les visiteurs du musée Rimbaud, à Charleville-Mézières. En légende, on pouvait lire ceci :

« Cette célèbre photo de Rimbaud est souvent publiée en effaçant la présence de son frère. Il est vrai que Jean-Nicolas Frédéric semble avoir eu peu de place dans la vie de Jean-Nicolas Arthur. »

La légende créée par Isabelle Rimbaud et Paterne Berrichon a la vie dure.

Mais n'est-ce pas le propre des légendes que d'être un jour confondues ?

Suspect

Suspect

La maison des Cuif était située au croisement de la route reliant Vouziers à Attigny et du chemin qui montait vers Rilly-aux-Oies. Vallée de l'Aisne, plus vraiment les Ardennes. Pas de forêts giboyeuses, seulement une région affreusement plane, un arbre de loin en loin, quelques bosquets ici et là, des sous-bois exigus. On était près de la Champagne, de ses grands champs monotones bordés de corbeaux. De ce décor, angoissant dès que le ciel noircissait, se dégageait un ennui, une langueur de jour férié. Point d'enchantement, de distraction. Quelques cours d'eau étiques, une mare, un étang. C'était sec, peu accueillant, semblable à ces campagnes dessinées dans les contes de Grimm.

En grimpant vers Rilly cependant, ou bien du côté de Voncq, on trouvait quelques points de vue sur des paysages vallonnés ; l'œil s'arrêtait sur un troupeau, statique comme une nature morte. Derrière la gare de Semuy, un canal s'élargissait, celui des Ardennes, et soudain, à l'ombre d'un saule pleureur, émergeait un îlot féerique. Dans les villages, des ruelles vides, traversées par quelques poules ; les odeurs de fumiers chauds ; les meuglements des vaches. Sur cet agencement immémorial, les chiens veillaient.

Roche n'était pas vraiment un village. Plutôt un hameau, une quinzaine de fermes. Celle des Cuif, en pierres corrodées, était la plus cossue, avec une grande toiture en ardoise, et, inscrite au-dessus de la porte, la date « 1791 ». À l'intérieur, une odeur de grain. Des années plus tôt, un incendie avait détruit la grange et les écuries. La ferme avait été mise en vente, sans trouver preneur.

Quand il s'en retourna à Roche, à la fin de l'été 1878, après cinq ans dans l'armée, Frédéric Rimbaud était un homme transformé. Il paraissait plus grand, silhouette affinée. Son visage, surtout, s'était modifié : c'était celui d'un homme à présent, émacié, mâchoire carrée, peau tannée par le soleil d'Algérie, où il venait de passer une année. Un bel homme donc, avec ce regard azuré comme le ciel de là-bas. Il allait sur ses vingt-cinq ans, hésitant à s'installer ici, au côté de la mère, qui venait de quitter Charleville avec Isabelle, sa dernière fille, pour reprendre l'exploitation de ses aïeux.

Avant d'entrer dans l'armée, Frédéric avait déjà passé quelque temps à Roche. Il avait aimé cette succession de prairies, de champs aplanis, ces peupliers et ces pommiers, ces petits bois et ces bosquets. Veiller sur la jument, Comtesse, la nourrir, la bouchonner. De ces longues journées de printemps, il avait gardé le souvenir d'un bonheur simple.

Assez vite, il dut déchanter. La mère était toujours aussi revêche. À la gare de Voncq, où elle était venue le chercher, elle avait à peine esquissé un sourire. La mort de Vitalie, sa première fille, l'avait endurcie si c'était encore possible. La voici plus méfiante que jamais, plus solitaire.

Les gens du coin, les cultivateurs, ne l'appréciaient pas, et son retour au pays n'avait pas été bien perçu. Cette façon qu'elle avait de leur donner des ordres, ses allures hautaines.

Pour qui se prenait-elle ?

N'était-elle pas née ici, sur ces terres, où elle avait grandi près de son père ? Femme de capitaine peut-être, mais paysanne avant tout.

Une Cuif.

Elle non plus ne les supportait guère, ces petits propriétaires envieux, hypocrites, à la haine cupide. Ces familles vissées ici depuis des siècles : les Fricoteaux, les Haizeaux, les Massé, qui, chaque dimanche, couraient les ventes aux enchères, ratissant le territoire, à l'affût du moindre lopin de terre à prix cassé.

Des siens, la mère exigeait loyauté et obéissance. Tempérament clanique, que ce climat hostile ne faisait que renforcer. Elle imposait, ordonnait, régentait la maison et l'exploitation.

Frédéric, lui, venait de passer cinq ans à marcher au pas. Il rêvait de liberté, d'une place où il n'aurait pas à rendre de comptes. Prendre son temps, se laisser aller, paresser.

Attentes inconciliables.

Avec la mère, aux incompréhensions succédèrent les disputes. Ces deux-là n'avaient jamais été faits pour s'entendre.

*

Jusqu'alors, Frédéric n'avait pas vraiment réfléchi à la façon dont il comptait occuper sa vie. Depuis qu'il était enfant, l'armée avait été son seul horizon. Suivre les traces de son père, capitaine au 47ᵉ régiment d'infanterie. La déclaration de guerre de Napoléon III à la Prusse, le 19 juillet 1870, l'avait mis dans un état d'exaltation. Il n'avait pas encore dix-sept ans – impossible donc de s'enrôler – mais déjà, il voulait en être. Chaque jour, dévoré d'envie, il allait regarder les bataillons défiler dans les rues de Charleville avant de rejoindre le front, plus à l'est, vers Metz et

Thionville. Il avait mûri son plan : se glisser parmi eux, marcher à leur côté le plus longtemps possible. Peut-être réussirait-il à se faire accepter ? Après tout, n'était-il pas le fils d'un officier, d'un chevalier de la Légion d'honneur ?

Quel âge avait-il, le prince impérial Louis Napoléon Bonaparte, que la presse représentait sur son bel équipage, faisant rempart à Bismarck ? Treize ans ? Alors pourquoi lui, Frédéric Rimbaud, ne serait-il pas en droit de défendre la patrie en danger ?

Il avait essayé de convaincre son frère Arthur, plus jeune d'un an, avec qui il partageait la même chambre, de filer avec lui. Mais celui-ci avait décliné. Il voulait être poète, disait-il. Les baïonnettes ? Le drapeau ? À d'autres ! Au collège déjà, il avait refusé l'uniforme, et plutôt que le képi à galons dorés porté par ses camarades, il s'était fait fort de garder son chapeau melon.

Alors Frédéric, seul, avait mis son plan à exécution. Et profitant un matin de l'agitation sur la place Ducale, il se faufila, la peur au ventre, parmi les soldats. Certains le toisèrent, mais aucun ne jugea bon de lui flanquer un coup de pied aux fesses. Et il marcha ainsi, la journée entière, torse bombé comme un vrai militaire, exactement comme il l'avait projeté. Le soir, dans une caserne de fortune, le gamin fut présenté à un sous-lieutenant. Il n'en menait pas large, mais parvint à s'expliquer. L'officier fut touché par son enthousiasme, sa fougue. Par son pedigree aussi. Il consentit à le garder en qualité d'auxiliaire et l'affecta aux cuisines.

Et voilà comment le jeune Frédéric Rimbaud s'était retrouvé à servir la soupe dans les tranchées, devenant au fil des jours la mascotte de la troupe. La vie lui avait semblé riche de promesses, d'amitiés... L'expérience, malheureusement, avait tourné court, l'armée française, déjà battue à Sedan, capitulant à Metz, le 27 octobre 1870 après un siège de deux mois. Frédéric était là, et même s'il n'avait pas combattu, il s'était senti humilié, en rage contre Bazaine, ce maréchal qui avait livré à l'ennemi cent cinquante mille soldats français. Il avait pleuré sur ses camarades, les morts, les blessés, tous les vaincus. Inconcevable, dans son esprit, que son aventure se terminât aussi vite, aussi cruellement, lui qui avait rêvé d'une bataille acharnée, comme à Sébastopol, ce siège que son père lui avait raconté avec un tas de détails terrifiants.

Le jour de l'entrée des troupes ennemies dans la ville, Frédéric avait suivi les conseils d'un sergent.

« Pars d'ici, gamin ! À ton âge, personne fera attention à toi. »

Et profitant de la confusion, il avait réussi à s'extirper de la nasse, avant de rentrer à pied, chez lui, à Charleville, à la barbe des soldats prussiens.

« Mon premier exploit militaire », s'était-il vanté à son retour.

Frédéric avait arrêté les études pour lesquelles il n'avait aucun goût – il lui manquait deux années pour atteindre le niveau du baccalauréat –, résolu à s'engager lorsque viendrait son tour d'être appelé. Se figurant une glorieuse carrière militaire, qui l'eût vu venger ses aînés, vaincus par Bismarck et trahis par l'empereur. Secrètement, il avait écrit à son père, qui, après avoir délaissé le foyer dix ans plus tôt, venait de se retirer à Dijon, près de ses terres natales.

À cet officier dont il avait hérité le prénom, à cet autre Frédéric Rimbaud donc, il avait relaté son périple, puis sa désolation face à la catastrophe. Le capitaine avait répondu par quelques lignes amères – « Comment tout cela aurait-il pu finir autrement ? » –, envoyant une série d'articles qu'il avait fait paraître dans *Le Progrès de la Côte d'Or*, un journal local, des appels à la résistance contre l'occupant.

À son habitude, il terminait par cette formule de politesse qui n'appelait aucune réponse : « Comment vont tes sœurs et ton frère ? »

Aîné de la fratrie, Frédéric avait gardé des souvenirs précis de son père : les poils blonds de sa moustache, son odeur âpre, sa voix profonde. Ses anecdotes aussi : sur l'émir Abd el-Kader, chef arabe combattu en Algérie, sur la guerre de Crimée, contre l'armée tsariste. Lointain, intimidant, le capitaine l'avait fasciné, et l'éclat de son uniforme, avec ses galons, ses décorations, son képi en drap garance, n'y avait pas été pour rien. Frédéric l'avait imaginé flamboyant, esprit libre, indépendant, et il était heureux d'être son fils, gonflé d'orgueil chaque fois qu'il allait le visiter en garnison. Toujours, il s'était considéré son héritier, le futur chef de famille. Cela lui avait été d'autant plus facile qu'Arthur, déjà tourné vers des horizons lointains, ne lui avait jamais contesté ce statut. Frédéric se rappelait le baptême d'Isabelle, sa fierté quand il fut choisi pour être son parrain. Il avait six ans. Quelques semaines après, à la suite d'une énième dispute avec la mère, le capitaine Rimbaud avait définitivement quitté le domicile conjugal.

À peine Frédéric avait-il été enrôlé qu'Arthur, à son tour, avait fugué à Paris. Plus précisément à la prison Mazas, boulevard Diderot, où il fut incarcéré pour être monté dans un train sans titre de transport. Piteux, il n'avait dû sa libération qu'à l'intervention de son professeur de rhétorique, Georges Izambard, qui l'avait ensuite logé plusieurs semaines chez ses tantes, à Douai.

De retour à Charleville, Arthur avait lui aussi renoncé à aller jusqu'au baccalauréat. Dans la famille, ce fut un choc. À l'inverse de Frédéric, le cadet avait été extrêmement doué à l'école, collectionnant les premiers prix (dont celui de vers latins au concours général), faisant l'admiration de ses professeurs qui le destinaient aux plus belles carrières, magistrat ou professeur d'université. Mais Arthur n'avait que faire de ce genre d'aspirations. Ses ambitions étaient plus hautes. Il travaillait à « se rendre voyant », comme il l'avait écrit à Paul Demeny, un ami d'Izambard. Il s'était laissé pousser les cheveux jusqu'aux épaules, s'était mis à fumer la pipe, et passait ses journées à la bibliothèque, ou caché dans une grotte, ou à traîner au milieu des décombres, à Mézières, avec leur copain de collège, Ernest Delahaye, que l'on avait cru mort après le bombardement de la ville.

Quand ils s'étaient retrouvés dans l'appartement familial, quai de la Madeleine, Arthur et Frédéric s'étaient raconté leurs aventures, se réjouissant des frayeurs de la mère, qui avait remué ciel et terre pour remonter leur trace. Leur vengeance contre cette femme qui les avait élevés seule, à coups de punitions et de privations. En s'échappant, ils avaient marqué la fin de l'enfance, proclamé le droit à mener leur vie comme ils l'entendaient. Et devant ses fils qui, contre elle, s'étaient ligués, la mère n'avait pas eu d'autre choix que de s'incliner.

Assez vite néanmoins, Frédéric n'avait plus reconnu ce frère, de qui, autrefois, il avait été si proche. Ce n'était pas tant sa chevelure que ses propos sur la patrie, qu'il disait avoir en horreur – il parlait de « patrouillotisme » –, sur son pays qu'il voulait, prétendait-il, voir anéanti, sur sa joie d'aller admirer les « Prussmars » présenter leurs armes place Ducale :

« Ma patrie se lève ? Moi j'aime mieux la voir assise. Ne remuez pas les bottes !, c'est mon principe. »

De la débâcle, de la détresse de ses camarades faits prisonniers, Arthur se fichait, et il ne s'en cachait pas.

« T'as pas de cœur, tu me dégoûtes ! », finissait par lui dire Frédéric.

Évanouie, la complicité de leur enfance, cette amitié qui longtemps avait intrigué les autres gosses, agacés à la vue de ces frères sans cesse fourrés ensemble, volontairement à l'écart.

Le matin, avant l'ouverture du collège, on les apercevait traverser la place du Sépulcre, dégringoler jusqu'au bord de l'eau, et prendre d'assaut la barque d'un tanneur accrochée au ponton. Sans un mot, ils la secouaient dans tous les sens, puis, soudain, comme s'ils obéissaient à un ordre qu'ils eussent été les seuls à entendre, s'allongeaient et se laissaient bercer.

Il y avait quelque chose de singulier dans l'attitude des frères Rimbaud. Frédéric et Arthur pouvaient passer des heures côte à côte sans échanger la moindre parole. Le silence les unissait, il correspondait à leur tempérament, tous deux peu enclins à la confidence, encore moins aux rivalités viriles, aux étalonnages auxquels aimaient se prêter les garçons de leur âge. De leurs états d'âme, ils ne se disaient rien, et pourtant, si on leur avait posé la question, ils auraient juré n'avoir aucun secret l'un pour l'autre.

Leurs camarades ignoraient le régime auquel la mère les soumettait, récitation de centaines de vers latins sans omettre ni déplacer le moindre mot, sous peine d'être privés de souper. Si Arthur excellait dans ces apprentissages impitoyables, Frédéric se montrait récalcitrant, laborieux. Les coups pleuvaient. Ces fortunes diverses ne les empêchaient pas d'être solidaires. Aussi, quand Arthur referma la porte d'une église sur le parapluie de Frédéric, ce qui le cassa, il permit à son frère d'en faire autant avec le sien. Le soir, les paires de gifles furent équitablement distribuées.

Le cadet était célébré par ses professeurs ; l'aîné se moquait de ce qu'on essayait de lui apprendre. Oh, il restait toujours poli, Frédéric. Lors des épreuves, il recopiait les questions avec application... et il s'arrêtait là. Quand le proviseur, le samedi, venait annoncer le classement des compositions, il dardait sur lui, bon dernier, un regard désolé :

« Mon pauvre ami !... Et pourtant... l'exemple de votre frère !... »

À côté du bon Rimbaud, il y avait donc le mauvais Rimbaud.

Mais Frédéric n'était en rien vexé. Si rivalité ou jalousie il y eut avec Arthur, ce ne fut jamais sur ce terrain-là. Au contraire, à ceux qui l'interrogeaient sur ce fameux frère, il répondait fièrement :

« Arthur ? Il est épatant ! »

Ce n'étaient pas ses exploits scolaires qui, pour Frédéric, faisaient de son frère un « phénomène », mais son caractère, sa détermination, sa faculté à assimiler les connaissances les plus vastes. Arthur savait tout sur tout : l'histoire du monde, les grandes civilisations, les religions, les textes sacrés. Et puis, il y avait ces poèmes qu'il écrivait le soir, dans la chambre, ces feuilles remplies de caractères fins et serrés, qui s'empilaient au pied du lit. Parfois, satisfait, il en lisait des passages à voix haute ; et Frédéric écoutait, envoûté par la voix d'Arthur, ces histoires tortueuses, ces mots obscurs, ces rythmes mélodieux.

Quelques mois après leur retour chez la mère, Frédéric et Arthur s'étaient une nouvelle fois

« sauvés ». Le premier, resté à Charleville, s'était fait vendeur à la criée pour *Le Petit Journal*, avant de trouver une place d'employé aux écritures au *Nord-Est*, un quotidien républicain que venait de lancer un professeur du collège. Le second s'était transporté à Paris, avec succès cette fois-ci, accueilli à l'automne 1871 par un poète à la notoriété grandissante, Paul Verlaine.

« Venez, venez vite, chère grande âme, on vous désire, on vous attend ! », avait-il répondu à Arthur après avoir reçu la copie de son poème, « Le Bateau ivre ».

Frédéric ignorait qui était ce Verlaine. Mais dans cette invitation, il vit la confirmation de ce qu'il pressentait depuis toujours : son frère était de ces êtres à part voués à connaître un destin exceptionnel.

*

Quand, enfin, il s'était engagé dans l'armée, le 1er novembre 1873, la veille de ses vingt ans, Frédéric avait choisi de rejoindre le 47e régiment d'infanterie, basé à Cherbourg, ce même régiment auquel avait longtemps appartenu son père.

La mère en avait pris ombrage. Certes, elle ne lui avait rien dit – elle était trop orgueilleuse –, mais, dès qu'elle avait su, son visage s'était crispé. C'était faire allégeance à l'ennemi, à l'homme qui l'avait bafouée. Frédéric était devenu suspect. Suspect d'avoir continué à le voir en secret, ce père disparu. Suspect d'entretenir une correspondance avec lui. Suspect de la dénigrer dans son dos. Suspect de vouloir le copier, le célébrer. De vouloir l'imiter. Et se trompait-elle ? Rejeter le moule de l'école, n'était-ce pas pour Frédéric une façon de faire comme le capitaine, décoré de la Légion d'honneur sans un diplôme en poche ?

Avant de rejoindre Cherbourg, Frédéric avait revu son frère, à Roche. Arthur rentrait de Bruxelles, où il était allé faire imprimer un recueil de textes. Il l'avait intitulé *Une saison en enfer*. Faute d'avoir pu régler la somme exigée par l'imprimeur, il n'avait récupéré qu'une poignée d'exemplaires. Frédéric avait été d'autant plus touché de recevoir l'ouvrage.

Arthur venait d'avoir dix-neuf ans. Il traînait une réputation affreuse. Ses frasques, ses insolences envers les poètes parnassiens qui l'avaient pourtant accueilli à bras ouverts, lui avaient valu pas mal d'ennuis et beaucoup d'inimitiés. Quand Frédéric, quelques mois plus tôt, était allé le voir à Paris, il l'avait trouvé méconnaissable, buveur, grossier, malpoli. L'influence de Verlaine, peut-être, qu'Arthur, alors, ne lâchait pas d'une semelle. Relation troublante, scandaleuse. Autour d'eux, un aréopage de rimeurs, de beaux parleurs, barbus et cheveux longs, serrés sur des banquettes sous d'immenses miroirs, s'apostrophant à tue-tête, à celui qui lancerait le trait le plus cruel. Frédéric s'était senti exclu. Un matin, il avait repris le train, seul, après les avoir laissés dans une brasserie de la rue de la Grange-Batelière, près des boulevards, et il avait compris que plus jamais il ne connaîtrait avec Arthur cette amitié, ce lien qu'il avait cru indestructible.

Par la suite, les choses étaient allées de mal en pis. On avait rendu Arthur responsable du coup de folie de Verlaine, qui avait abandonné son épouse et son fils pour partir vivre à Londres avec lui. Là-bas, à se saouler du matin au soir au gin et au vermouth, l'un et l'autre s'étaient mis à dos la communauté française. L'intrigue, pitoyable, s'était dénouée dans un petit hôtel de Bruxelles, en juillet 1873, quand, de désespoir, Verlaine avait tiré deux coups de revolver sur Arthur qui voulait rentrer en France. Le premier avait été incarcéré. Le second, blessé au bras gauche, était retourné à Roche, où il avait écrit sa *Saison en enfer*.

Arthur s'était bien gardé de raconter ses déboires à Frédéric. Au fil des années, le cadet, d'un naturel peu bavard, avait pris ses distances avec l'aîné. À l'inverse, chaque fois que Frédéric revoyait Arthur, il était content, curieux de savoir ce qu'il devenait, ce frère plus jeune d'un an mais qui toujours l'avait impressionné. Et les premiers mois à la caserne, à l'heure de se coucher, Frédéric avait lu et relu cette *Saison en enfer*, ces histoires fantastiques, sortes de paraboles, s'endormant au bout de quelques lignes, émerveillé par l'imagination d'Arthur.

*

Frédéric avait quitté l'armée avec le modeste grade de sergent. Rétif à l'autorité, sanctionné à cause de son comportement, il s'était vite ennuyé dans ces garnisons provinciales – après Cherbourg, le 47ᵉ s'était installé à Saint-Malo –, où les punitions s'accumulaient : corvée de latrines, nettoyage des abreuvoirs, balayage. Il lui avait semblé revenir au collège : mêmes règlements absurdes, mêmes brimades. Mêmes faits et gestes répétés jusqu'à la nausée. Frédéric n'avait rien retrouvé des récits épiques de son père – les guerres en Algérie, le siège de Sébastopol –, aucun mouvement d'âme, pas le moindre élan de bravoure.

Il ne vengerait aucun vaincu, aucun mort : ce n'était pas ce que l'institution lui demandait. Les déroutes à Sedan et à Metz, les soldats n'en parlaient pas, et les officiers encore moins. À l'Empire avait succédé la République, et on préférait chanter les louanges du maréchal de Mac Mahon, le nouveau président, que de revenir sur une défaite indigne. Tout ça manquait terriblement d'action. Et sans doute que l'histoire de Frédéric Rimbaud eût été différente au temps de l'Empire et des promotions massives qui avaient permis à son père de sortir du rang. Mais la République, elle, avait choisi la paix, et les chances de se distinguer sur un champ de bataille s'étaient amenuisées comme peau de chagrin.

Sauf aux colonies.

Aussi, quand on lui avait proposé de servir en Algérie, comme son père trente ans plus tôt, Frédéric n'avait pas hésité longtemps.

Le caporal Rimbaud, toutefois, ne fut pas affecté dans un régiment ordinaire. Il rejoignit une compagnie de discipline, autrement dit la sentine de l'armée française. Le bagne, surnommé « Biribi » : brutes, révoltés, insoumis, assassins, réfractaires. Le but de ces compagnies, proclamait le ministre de la Guerre, était de « se débarrasser des plus mauvais sujets ou des fanfarons qui, par le mauvais exemple qu'ils donnaient, l'influence qu'ils exerçaient, tendaient à l'indiscipline ».

Frédéric Rimbaud n'était pas un mauvais sujet, ni un fanfaron. Si on l'envoya à Orléansville, à la 1re compagnie de fusiliers, ce fut pour surveiller et punir. Un « sous-off », chargé de mettre au pas ces hommes qui faisaient honte à leur pays. Un « chaouch », complice d'un régime disciplinaire des plus sévères. Et des plus abjects.

Cruelle, la comparaison avec le père. Le capitaine Rimbaud avait dirigé le bureau arabe de Sebdou, au pied des hauts plateaux, en dessous de Tlemcen, région où l'influence de l'émir Abd el-Kader était alors importante, beaucoup de tribus refusant de se soumettre à l'autorité française; dans un climat rigoureux, il avait supervisé la situation politique et administrative, s'occupant des relations avec la société indigène, de l'aménagement du territoire, des travaux publics.

Son fils, lui, servit de grouillot pour mater les fortes têtes.

Les compagnies de discipline ne combattaient pas. Les hommes y étaient envoyés sur des chantiers, traités comme des prisonniers. Interdiction de porter une arme. De communiquer avec les habitants. À Orléansville, ville garnison au cœur de la vallée du Chélif, le plus grand fleuve du pays, la chaleur, l'été, était abominable, plus de cinquante degrés. Sans cesse, les disciplinaires étaient réquisitionnés : creuser des puits, aménager des réservoirs, installer une pompe, construire un château d'eau. Beaucoup n'y survivaient pas.

De ces forçats, de ces soldats déchus, Frédéric devait subir les railleries, les allusions graveleuses, les propositions équivoques. Deux mois après son arrivée, un petit gars de Tarbes, le genre hargneux, Guillaume Laffont, lui chercha des ennuis. Frédéric lui ordonna d'arrêter. Laffont persista.

« Laffont ! Outrage à un supérieur pendant le service ! Au trou ! », aboya le sergent-major qui passait par là.

Laffont fut coffré, envoyé à Blida, à cent quatre-vingts kilomètres, près d'Alger. Là, ce fut le conseil de guerre : Frédéric dut aller témoigner – longtemps, il lui en resta un remords –, et Laffont écopa de cinq ans de travaux publics. Promesse d'un calvaire dont personne ne pouvait prédire s'il en sortirait vivant. Quelques jours après, Frédéric fut nommé sergent. Cela ressemblait à une récompense. Il avait désormais le droit de porter un revolver et un sabre-baïonnette.

Le sergent Rimbaud eut d'autres altercations à Orléansville. Il dut se montrer injuste, borné. Là-bas, on appelait ça « avoir du caractère ». L'expérience fut éprouvante. Et il ne savait pas ce qui l'avait le plus horrifié : la cruauté des disciplinaires entre eux, les sévices sexuels notamment, ou bien celle des chaouchs, des Corses en majorité, les humiliations, les tortures, ces supplices atroces (crapaudine, silos, camisard, fers).

Au début de l'été 1878, on lui proposa de rempiler. Avec, en perspective, une promotion au rang de sergent-major, comme son père au même âge. Rien de déshonorant, donc. Mais c'en était assez. Frédéric n'avait eu qu'une envie : rentrer chez lui.

*

Une accolade, un sourire, et ce fut tout. Frédéric ne s'attendait pas à trouver son frère à Roche. Lui aussi avait changé. Arthur avait maintenant vingt-trois ans, et il dépassait son aîné en taille, d'une demi-tête. Les joues s'étaient creusées, la peau brunie, parsemée d'une barbe couleur fauve. Le timbre de sa voix, autrefois nerveux, était devenu grave, profond. Après les avoir longtemps dédaignés, il participait aux travaux de la ferme, aussi à l'aise à charger une voiture qu'à piquer de sa fourche les gerbes de blé. Ces derniers mois, Arthur avait beaucoup voyagé : randonnées pédestres de Milan à Stockholm en passant par Brême, odyssées maritimes qui l'avaient conduit à Gibraltar, Suez ou Sainte-Hélène.

Son retour à Roche était transitoire. Il projetait d'embarquer bientôt pour Alexandrie, non pas de Marseille, mais de Gênes, d'où la traversée, croyait-il, lui reviendrait moins cher. Là-bas, il trouverait bien une place ou un engagement quelconque.

Arthur et Frédéric avaient maintenant chacun leur chambre, à l'étage, sous le grenier. Le bon Rimbaud et le mauvais Rimbaud... Des années de séparation les avaient rendus étrangers l'un à l'autre. Leur silence était vide, dépourvu d'images, de souvenirs communs. La résistance à la mère, qui longtemps les avait rapprochés, n'avait plus lieu d'être. Ils n'échangeaient rien, sinon deux ou trois banalités sur les nouvelles qu'ils apprenaient dans les journaux : l'Exposition universelle qui se terminait, les attaques de Gambetta, le chef républicain, contre l'Église... À table, ils ne pipaient pas. On les entendait souffler sur le potage trop chaud, faisant mine d'écouter la mère débiner les voisins, ou se plaindre d'untel qui n'avait pas bien fait la besogne.

« Qu'est-il arrivé à Arthur ? », se demandait Frédéric. Il ne le reconnaissait pas, l'adolescent qui vantait sa bohème et crachait sa haine des bourgeois de Charleville. Il n'y avait qu'à le voir, la journée, exécuter docilement les ordres de la mère... Son frère avait vieilli. Froid, distant.

Frédéric n'avait pas été surpris qu'à son arrivée à Paris Arthur fût acclamé par des auteurs célèbres, Théodore de Banville qui l'avait logé, Victor Hugo qui s'était exclamé : « C'est Shakespeare enfant ! » Ou Paul Verlaine. Non, ce qui l'avait déconcerté, c'était que cette gloire, si précoce, n'eût pas de suite. Que s'était-il passé ? Pour quelles raisons son frère s'était-il arrêté d'écrire ? Il n'avait pas vingt ans. Dégoût de la vie littéraire, trop de mondanités ? Par lassitude, lui qui s'ennuyait si vite ? Ou par conformisme, parce que la mère s'était montrée hostile à toute forme de littérature, qu'elle voyait comme une source de désordres, de tentations, de malheurs ? Mais dans ce cas, pourquoi cette vie de bohémien, sans autre but que celui de marcher, de parcourir le monde ? Arthur, s'il l'avait voulu, eût pu être quelqu'un ici, dans les Ardennes, enseigner peut-être. Oui, il eût été un incroyable professeur ! Et qu'étaient-elles devenues, ces milliers de pages griffonnées, à Charleville, à Paris, à Londres ? Arthur avait-il vraiment, comme il le laissait entendre, tout bazardé ?

Le soir, après que la mère et Isabelle s'étaient couchées, les frères sirotaient une bière dehors, à la lanterne. Derniers jours d'un été anormalement chaud. L'un et l'autre ignoraient ce qu'ils allaient faire. Ils n'avaient ni métier ni ambition véritable, et c'était bien la seule chose qui les rapprochait. Aucun n'avait envie de rester à Roche.

« Il y a trop de propriétaires ici, disait Arthur. Un cultivateur isolé ne peut pas faire les choses en grand... le morcellement de la propriété est un mal. »

Il voulait bourlinguer, sans être obligé de travailler.

« Le climat de l'Europe est trop froid pour mon tempérament, je ne puis vivre que dans les pays chauds. Mais je ne voudrais pas vagabonder dans la misère, je voudrais avoir quelques milliers de francs de rente. »

La plupart du temps, Frédéric et Arthur restaient assis à contempler le ciel, comme quand ils étaient gosses. Les frères Rimbaud, inséparables et aux caractères si éloignés. Objets de tous les soins, de toutes les craintes de leur mère. Adulés par leurs sœurs. Solidaires, au collège et dans leur famille. Taiseux l'un avec l'autre. Les voici des hommes, déjà éprouvés, un peu abîmés, qui, chacun de son côté, s'interrogeaient sur la place qu'ils allaient devoir trouver. De temps à autre, Frédéric lâchait un mot, une phrase : une étoile que l'on distinguait mieux que les autres, l'orage qui arrivait, l'odeur des foins, la fille des voisins qui lui plaisait bien. Mais presque jamais Arthur ne relevait, et la conversation s'éteignait comme une bougie mal allumée.

Un soir, Frédéric voulut questionner Arthur sur ses anciens rêves littéraires. Qu'en avait-il fait de ces textes, de ces poèmes qu'il lui avait fait lire autrefois ? Et ce recueil, cette *Saison en enfer*, qu'il avait achevée ici, dans cette maison, et qu'il lui avait offerte avant son départ pour l'armée ? Avait-il conservé d'autres exemplaires ? Les avait-il vendus ?

Mais Arthur, alors, le rabroua.

« Je ne pense plus à ça. »

Et ce fut tout.

Quelque chose avait changé.

Toujours les Rimbaud avaient formé un clan. La mère l'avait voulu ainsi, méfiante dès que ses fils se mettaient à fréquenter des étrangers, hostile à ses voisins qu'elle soupçonnait d'intriguer contre elle. De cette famille qui eût pu vivre en autarcie, elle était fière et ne s'en cachait pas. Avoir réussi à surmonter le départ du père n'y était pas pour rien. Chaque dimanche, pour aller à la messe, ou les jours de marché, sur la place Ducale, elle transportait sa progéniture selon un ordre immuable : à l'avant, Vitalie et Isabelle, main dans la main ; au second rang, Frédéric et Arthur, se tenant également par la main (filles et garçons respectivement vêtus de la même façon) ; puis, fermant la marche, elle, la paysanne, avec à ses lèvres l'esquisse d'un sourire narquois.

La parade amusait les passants et les boutiquiers. Certains parlaient de « folie », tandis que le cortège, imperturbable, poursuivait sa route.

Depuis quelque temps cependant, une tristesse s'était installée.

Vitalie n'était plus là, et elle manquait. C'était même terrible à quel point elle manquait.

Dix-sept ans, une synovite au genou. Brutal. Injuste.

Au fond, Frédéric savait bien pourquoi Arthur s'était arrêté d'écrire.

Arthur qui avait remué ciel et terre pour faire

monter un piano dans leur dernier appartement, rue Saint-Barthélemy ; tapant dessus du matin au soir, provoquant la colère des voisins.

Merde pour les voisins ! Merde pour les fausses notes !

Faire rire Vitalie, égayer ses derniers jours, voilà ce qui comptait.

Arthur qui s'était fait raser le crâne pour l'enterrement, premier jour d'hiver 1875, passage d'une vie à une autre, de l'enfance à l'âge adulte, du verbe au silence.

Vitalie, petite sœur mélancolique, cheveux ramassés en chignon, chétive, mais l'air décidé d'une femme qui n'eût pas tremblé face aux épreuves. En cela, semblable à la mère dont elle portait le prénom.

Vitalie, petite sœur pudique, confidente, seule à savoir surmonter les querelles, les infimes et les terribles. Son courage, son optimisme irradiaient la paix autour d'elle.

Vitalie, petite sœur rêveuse, figure tournée vers les étoiles. Lire son journal fut un crève-cœur, tout n'y était qu'amour pour les siens.

« 29 décembre 1874. Arthur est revenu à 9 heures du matin. Il fait très froid ; de la neige et de la glace partout. À 2 heures, arrivée d'un fermier ; il reste chez nous jusqu'à 6 heures. Après dîner, vers 9 heures du soir, nouvelle surprise : Frédéric nous apparaît. Je suis réellement heureuse et satisfaite. Il est bien grandi mais beaucoup plus mince que l'année dernière, mais son changement lui sied à merveille. Nous arrangeons les appartements pour passer la nuit. Que de choses ne nous a-t-il pas dites ! »

Le calvaire de Vitalie avait ébranlé Isabelle, sa cadette. Les deux sœurs étaient si proches... Le drame l'avait plongée dans un violent conflit intérieur – comment Dieu avait-il pu laisser faire ça ? – et ce trouble avait fait naître dans son regard un vague à l'âme qui ne l'avait plus quittée.

En cet été 1878, la dernière de la famille Rimbaud venait d'avoir dix-huit ans. Très pieuse après ses années au couvent des Sépulcrines, là où étaient envoyées les jeunes filles bien nées de Charleville. Isabelle était plus grande que Vitalie.

Pas spécialement gracile, mais l'éclat de ses yeux pervenche relevait l'ordinaire de ses traits. De la fille qui lui restait, la mère voulait faire une femme de tête, capable de tenir un ménage, et peut-être un jour, pourquoi pas, de prendre sa suite si ses fils se dérobaient. Hors de question donc, pour l'heure, d'envisager un mariage. À la fois par résignation et par inclination, Isabelle s'était laissé modeler, façonner, créature de la mère, dont elle partageait les méfiances et les répulsions.

Une paysanne.

*

Arthur voué à s'éloigner, Frédéric aurait pu rester à la ferme, prendre cette place vacante d'« homme de la famille ». Seulement la mère pouvait difficilement tolérer de ne pas tout diriger. Elle était ici en son royaume, c'était son héritage, et elle n'aurait laissé à personne le soin de le faire fructifier. Voilà qu'elle aussi s'était mise à faire le tour du pays, à la recherche de terres à acheter.

Vitalie Cuif – son nom de jeune fille – venait d'une famille de propriétaires agricoles plutôt aisés. Ayant perdu sa mère très jeune, elle se trouva seule, à dix ans, à devoir s'occuper du foyer. Celui-ci se composait de trois hommes : son père, Jean-Nicolas Cuif, et ses deux frères, Charles-Félix, l'aîné, et Charles-Auguste, le cadet. Situation singulière qui lui forgea le caractère, et la conduisit à prendre très tôt des responsabilités. Déjà une femme décidée, sachant parfaitement lire et écrire, et surtout très croyante.

À l'âge adulte, les relations dans la fratrie se dégradèrent. Colérique et violent, Charles-Félix se retrouva mêlé à une sale affaire. Une rixe ? Un viol ? On n'en sut pas plus, mais à dix-huit ans il s'engagea dans l'armée d'Afrique. À Roche, dorénavant, on le surnommerait l'Africain. Moins brutal, mais saoulard, Charles-Auguste épousa pour sa part une certaine Adélaïde. Le couple vint s'installer à la ferme, et assez vite, entre la bru et la sœur, l'atmosphère fut invivable. Si bien qu'au bout de quelques mois le père dut intervenir : la ferme, décida-t-il, reviendrait à Charles-Auguste. Parce qu'il était un homme, mais surtout parce qu'il était marié, promis à avoir bientôt une descendance. Vitalie et lui devaient donc quitter le domaine. La jeune femme, qui avait vécu là depuis toujours, en resta longtemps inconsolable.

Les années passèrent. Tandis que Louis Napoléon Bonaparte s'apprêtait à rétablir l'Empire, Vitalie Cuif dégota son capitaine un soir d'octobre 1852, à Charleville, où elle s'était installée avec son père. Elle avait vingt-sept ans, un regard bleu intense, une silhouette fine qui faisait ressortir un large front et, plus important encore, une dot de cent quarante mille francs-or. Frédéric Rimbaud, lui, tenait garnison dans la citadelle de Mézières. Trente-huit ans, aucun actif, sinon le prestige d'une carrière d'officier. Un abord plutôt agréable, avec des yeux clairs et une bouche charnue. Deux caractères forts, indépendants, aux idées arrêtées, et qui, sur le chapitre de l'amour, avaient passé l'âge des mirages, des emportements. Dans cette union, chacun vit un moyen d'améliorer sa position, de fonder une famille respectable. Déterminés l'un et l'autre, ils ne prirent guère le temps d'apprendre à se connaître. Le mariage fut célébré trois mois plus tard dans la chapelle du Grand-Prieuré. Presque dans la foulée, deux enfants naquirent, Frédéric et Arthur, tandis que le capitaine était envoyé en garnison à Strasbourg et à Besançon. L'éloignement eut raison d'un attachement sans racines ni affinités véritables. Les oppositions de tempérament firent le reste, et ce couple bancal s'étiola assez vite, jusqu'au départ de l'époux, peu après la naissance d'Isabelle.

Entre-temps, la situation à la ferme était devenue chaotique. Adélaïde était retournée chez ses parents, fuyant Charles-Auguste, ce mari qui s'enivrait et la frappait. Peu après, Charles-Félix revint à la ferme, furieux d'avoir été exclu du partage de la fortune familiale. Il flanqua Charles-Auguste à la porte, et, de ce dernier, plus jamais personne n'entendit parler. On sait seulement qu'il eut une vie de vagabond, et qu'il décéda en 1924 dans un hospice de la région, à l'âge de quatre-vingt-quinze ans. Quant à l'Africain, son «coup d'État» fut de courte durée: on le retrouva mort dans son lit, à Roche, un matin de décembre 1855. Il avait trente et un ans. À la faveur de ces circonstances rocambolesques, Vitalie Cuif, épouse Rimbaud, récupéra la ferme de ses aïeux, administrant seule le domaine, ou plutôt ce qu'il en restait, de nombreux biens ayant été saisis, puis cédés dans des ventes aux enchères.

Le destin tragique des frères Cuif ne cessa de hanter la mère, et, très longtemps, elle craignit pour ses deux fils des vies déréglées, violentes, ce qui expliqua en partie son extrême sévérité.

*

Le capitaine Frédéric Rimbaud s'éteignit le samedi 16 novembre 1878, à l'âge de soixante-quatre ans. Il occupait à Dijon un appartement bourgeois donnant sur une petite place avec des arbres, des bancs et une jolie fontaine.
La mère, Isabelle et Frédéric assistèrent à ses obsèques, à la cathédrale Saint-Bénigne. La famille avait tout juste eu le temps de s'associer au faire-part publié dans *Le Bien public*, le quotidien régional.

Arthur, lui, venait d'arriver à Gênes, d'où il s'apprêtait à embarquer pour Alexandrie.

Le divorce étant interdit, le père et la mère s'étaient séparés sans engager de procédure : ils étaient donc restés officiellement mari et femme, même si l'un et l'autre, par la suite, s'étaient déclarés veufs dans les actes de la vie courante.

Du côté du défunt, une sœur était là, quelques cousins, ainsi que la domestique qui vivait à ses côtés depuis des années. Impossible de prévenir à temps ses plus fidèles compagnons, les officiers des 46e et 47e régiments d'infanterie. Aussi, l'église, où l'on était en train d'achever la rénovation de la crypte, détruite durant la Révolution, parut étrangement vide.

Ce jour-là, Frédéric sanglota – il fut d'ailleurs le seul –, songeant à la vie qui eût été la sienne si la mère ne s'était pas montrée si terrible, si elle n'avait pas fait fuir le capitaine. Dans cette famille, il avait manqué un homme, se dit-il devant le cercueil. Quand il sortit de la cathédrale, il tremblait de froid. Il faisait déjà nuit.

De le voir pleurer en public, la mère l'en méprisa d'autant plus. Cela la conforta dans l'idée que son fils n'était pas un vrai Cuif.

*

Frédéric attendit quelques semaines avant de quitter Roche. La mère et son aîné avaient fini par se prendre en grippe. Elle n'avait pas confiance en lui. Trop versatile, trop jouisseur. Frédéric, à l'inverse, avait le sentiment de payer quelque chose : son prénom peut-être, le même que celui de l'homme qui, disait-elle, avait fait son malheur.

Il y a Arthur Rimbaud.
Et il y a les rimbaldiens, milliers d'hommes et de femmes à travers le monde qui vouent à son œuvre et à sa vie un culte presque religieux. Les uns concluent leurs courriers par des « amitiés rimbaldiennes ». Les autres écrivent à leur idole au cimetière de Charleville-Mézières, où il repose. Arthur Rimbaud recevrait aujourd'hui encore deux à trois lettres par semaine, sans oublier les offrandes : bijoux, médailles, paquets de cigarettes, flacons d'alcool.

Les rimbaldiens ont leurs groupements, leurs publications. Ainsi la revue Rimbaud vivant, *éditée par les Amis de Rimbaud, une association fondée en 1929. Parmi ses anciens présidents, on trouve Paul Claudel, Henri de Régnier, ou Jean Paulhan, mythique patron de la* NRF (Nouvelle Revue française). *Tout aussi exhaustive, la revue* Parade sauvage, *qui, au moment où je commençai mes recherches, venait d'exhumer une lettre inédite du poète.*

Un tel foisonnement a peu d'équivalent. De la vie d'Arthur Rimbaud, le moindre état d'âme, le moindre geste, le moindre déplacement, a été décortiqué, pesé, pensé, analysé, interprété. Que ne sait-on pas de ses exploits scolaires, jusqu'au contenu de ses copies d'écolier, sans oublier les paroles rapportées par ses condisciples du collège de Charleville, objet des exégèses les plus raffinées ? Ne parlons pas de son histoire avec Verlaine, formidable feuilleton littéraire et sentimental. Ou de sa relation tumultueuse avec sa mère, régal des psychanalystes.

Rarement un homme aura été aussi célébré, objet d'une littérature si abondante. Et cependant, sur son frère aîné, Frédéric Rimbaud, il n'existe quasiment aucun écrit, aucune thèse, aucune étude. Pas le moindre article.

Après avoir écouté l'émission avec Pierre Michon, je m'étais mis à écumer les bibliothèques, à lire tout ce qui se rapportait de près ou de loin à la vie du poète, dans l'espoir de trouver quelques éléments sur ce fameux frère. J'avais découvert que Frédéric faisait figure de laissé-pour-compte, de mal-aimé. Mal aimé de sa famille, qui l'avait rejeté pour des raisons qui alors me semblaient obscures, mais aussi des biographes d'Arthur Rimbaud. Tous le traitaient d'imbécile, se moquant de ses résultats à l'école, s'appuyant sur les témoignages les plus accablants, qui le décrivaient comme un « être inintelligent », un « pauvre diable mal équilibré ». Pas étonnant qu'il eût fini conducteur d'omnibus à Attigny, laissaient-ils entendre.

Voici un florilège de ce que l'on peut lire sur Frédéric, sous la plume d'éminents rimbaldiens, poètes, biographes, historiens :

« Ce Frédéric Rimbaud, il allait tenir, le reste de son existence, le rôle du raté de la famille. » (Jean-Jacques Lefrère)

« *Paresseux et simple, de nul recours.* » *(Yves Bonnefoy)*
« *Un bon à rien.* » *(Jean-Luc Steinmetz)*
« *Un idiot.* » *(Henri Troyat)*
« *Le frère de Rimbaud ne fut point de la même race. Il est domestique, et, qui pis est, excellent domestique.* » *(Victor Segalen)*

Ces appréciations lapidaires étaient d'autant plus surprenantes que, de la vie de Frédéric Rimbaud, mort en 1911 à l'âge de cinquante-sept ans, on ne savait en réalité presque rien : les quelques spécialistes du poète encore en vie, comme André Guyaux, qui a édité ses œuvres complètes dans la « Bibliothèque de la Pléiade », ou Alain Tourneux, l'ancien conservateur du musée Rimbaud, m'avouèrent plus tard leur ignorance au sujet du personnage. Sur Frédéric, les biographies d'Arthur Rimbaud nous apprenaient peu de choses, sans compter les éléments non vérifiés, les incohérences. Beaucoup de racontars, de souvenirs brumeux ; peu de documents écrits, de pièces en bonne et due forme. Autour de l'autre Rimbaud avait fini par se créer une légende noire, fondée sur les propos de quelques villageois, recueillis des décennies après sa mort. Ceux, par exemple, d'une certaine Thérèse Vimont, colportés en 1954 (!) par sa fille :

« *Je me souviens bien d'avoir vu Frédéric complètement déchu. On le rencontrait les jambes pendantes sur sa charrette (il était camionneur à la gare), le crâne au soleil, toujours à moitié ivre. Dans le petit bourg d'Attigny, il était au bas de l'échelle sociale.* »

Aucun biographe n'avait jugé bon de s'intéresser à lui. Tous préférant s'en remettre au jugement d'Isabelle, sa sœur, qui ne l'aimait pas. Ainsi, Paul Claudel, après un court séjour à Roche, qualifia Frédéric de « charretier » dans son Journal. *Pour l'écrivain catholique, le mot n'avait rien d'innocent : il distinguait le bon Rimbaud du mauvais Rimbaud, mais aussi la langue du sacré, inventée par Arthur, de celle du vulgaire (« parler comme un charretier »).*

Mais c'est au poète que l'on doit le jugement le plus cruel. Car c'est bien Arthur qui a crucifié son frère aux yeux des générations suivantes.

Une phrase a suffi. Elle figure dans une lettre du 7 octobre 1884 adressée à sa famille :

« Ça me gênerait assez, par exemple, que l'on sache que j'ai un pareil oiseau pour frère. Ça ne m'étonne d'ailleurs pas de ce Frédéric : c'est un parfait idiot, nous l'avons toujours su, et nous admirions toujours la dureté de sa caboche. »

Écrites sous le coup de la colère, dans un contexte de conflit familial, ces quelques lignes sont pour beaucoup dans la triste réputation de l'autre Rimbaud.

Et pourtant, si l'on en croit Ernest Delahaye, qui semble avoir été le témoin le plus fiable de cette histoire – ce fonctionnaire au ministère de l'Instruction publique fréquenta longtemps les frères Rimbaud, qu'il avait rencontrés au collège –, Arthur et Frédéric avaient d'abord été très proches. Même éducation, mêmes écoles. Partageant la même chambre. Au collège, ils se mélangeaient peu avec leurs camarades, et on les voyait tout le temps ensemble, jeunes hommes réservés, souvent à l'écart.

Alors, pourquoi ce silence autour de Frédéric ? Pourquoi ces deux destins, en apparence si éloignés ?

Frédéric Rimbaud n'a jamais eu de chance avec la postérité : si vous tapez son nom sur Google, vous tombez sur la fiche Wikipédia consacrée à son père, qui, lui aussi, se prénommait Frédéric. Impossible également, dans un premier temps, de mettre la main sur son matricule militaire. Il me fallut quelques jours pour comprendre que son nom avait été mal retranscrit sur les registres. C'est d'ailleurs en usant de plusieurs orthographes dans les moteurs de recherche (Rimbault, Raimbault, Raimbaud) que je trouvai des éléments inédits, dans la presse locale notamment.

À la différence de son frère et de ses sœurs, Frédéric ne laissa aucun écrit, hormis deux lettres adressées à un journaliste et un droit de réponse au Courrier des Ardennes.
Disparue tôt, sa cadette Vitalie avait eu le temps de rédiger un journal, sorte de chronique familiale.

Isabelle, elle, publia des textes sur Arthur après la mort de celui-ci.

Ajoutons la correspondance de la mère, qui, pour une grande partie, nous est parvenue, et les articles militaires que le père fit paraître à Dijon.

Des Rimbaud, Frédéric fut le seul « sans-voix ».

Dénigré

Arthur était parti pour de bon. En cette fin d'année 1880, il avait décroché une place à Aden, colonie anglaise entre la mer Rouge et la mer d'Arabie, dans un comptoir tenu par des Français. Il y faisait du négoce : café, cuirs, ivoire, or…

« J'ai la confiance du patron, écrivit-il à sa famille peu après son arrivée. Seulement je suis mal payé (…). Mais comme je suis le seul employé un peu intelligent, à la fin de mon deuxième mois ici, si l'on ne me donne pas deux cents francs par mois, en dehors de tous frais, je m'en irai. J'aime mieux ne rien faire que de me faire exploiter. »

La mère s'était résignée à ne plus le voir avant longtemps, plusieurs années peut-être. Cependant, elle avait besoin de quelqu'un à ses côtés. Elle avait cinquante-six ans, et il lui arrivait de tomber malade, comme à la fin de cet hiver. Que se passerait-il si elle venait à disparaître ? Qu'adviendrait-il de la ferme ?

Isabelle était trop jeune.

Restait donc Frédéric.

Deux ans avaient passé depuis son départ de Roche. Il avait vingt-sept ans à présent. S'était-il assagi ? Elle en doutait, mais du moins était-il du même sang, de la même race. Mieux valait encore lui qu'un étranger. Elle avait donc insisté pour le faire revenir.

Frédéric, lui, avait traîné les pieds. Il s'était cherché une situation à Charleville, à Reims, et même à Paris, des lieux où l'on pouvait s'amuser, se faire des amis, sortir, rencontrer des femmes. Mais il n'avait rien trouvé d'intéressant. Rien trouvé de mieux, en tout cas, que d'être fermier à Roche. Alors, il avait accepté.

En espérant des jours meilleurs.

Frédéric avait de l'énergie et des muscles. Un homme à tout faire : faucher les avoines, rentrer le blé et la luzerne, élaguer les haies, retourner la terre avec la charrue. Le soir, en revanche, il lui fallait prendre l'air. Rasoir, l'atmosphère à la maison, entre la mère et la sœur. Il s'était fait quelques copains : Émile et Armand, des domestiques qui travaillaient à Attigny, Jean, l'instituteur de Chuffilly. Dans les tavernes du pays, ceux-là s'enivraient de liqueurs, jouaient à la manille, échangeaient leurs histoires de troufions. De cette petite troupe, Frédéric était le seul à ne pas être marié. Il eût bien voulu, et les occasions ne manquaient pas – il était beau garçon, d'une famille aisée qui plus est –, mais la mère trouvait toujours à redire dès qu'il osait avancer un nom, un parti possible. Et s'il insistait, elle lui rappelait le souvenir de cette femme, Adélaïde, trop vite épousée par son frère Charles-Auguste, qui avait voulu s'accaparer l'héritage des Cuif.

« Chaque fois que tu ne suivras pas mes conseils, tu seras malheureux », disait-elle.

À cette vérité « tombée du ciel », il n'y avait rien à répondre. Frédéric ne s'inquiétait pas trop. Avec le temps, se disait-il, la mère finirait bien par changer d'avis. Il n'allait pas rester toute sa vie célibataire.

Parmi les autres leçons que la mère essayait de lui inculquer, il y avait celle-ci : « Les gens, ici, sont mauvais, jaloux, envieux. Méfie-toi des Fricoteaux, méfie-toi des Massé, méfie-toi des autres ! Ce sont des étrangers ; ne dis rien à personne ! » Mais elle devait bien constater que son aîné n'avait que faire de ses conseils. Frédéric était aimable, il parlait avec tout le monde, cassait la croûte chez les uns et chez les autres. Et à Roche, on se réjouissait de voir que le fils n'avait pas pris le caractère de la mère.

Elle, au contraire, se rongeait les sangs. Faisait-il exprès de ne pas comprendre ? Ou bien était-il naïf, ce qui était pire ?

« Il est bon comme du bon pain », avait coutume de dire Ernest Delahaye, son copain du collège.

Elle l'épiait – avait-il les épaules pour reprendre la ferme ? Le trouvait inconséquent, dépensant à la va-vite le peu d'argent qu'il gagnait en tournées pour les copains, petites gens sans ambition, sans instruction. Des analphabètes. Il manquait de nerf, de tempérament. À l'école, déjà…

Elle espérait encore, pourtant. Son aîné n'était

pas un mauvais bougre, et la plupart du temps, il se montrait doux, serviable. Peut-être fallait-il lui donner des responsabilités ? L'associer à la marche de l'exploitation ?

La mère décida de le mettre à l'épreuve.

Un dimanche après-midi, au début du printemps 1881, une adjudication fut organisée à Rilly-aux-Oies, un village derrière la ferme. Les gros propriétaires du canton s'étaient rassemblés dans l'auberge face à l'église, trempés à cause de l'orage qui avait éclaté après la messe. Dans une pièce mal éclairée, infestée d'odeurs de friture, on entendait les trombes d'eau tambouriner sur le toit. Sur les tables, des bouteilles de rouge déjà entamées.

Ce jour-là, pour la première fois, Frédéric Rimbaud portait les intérêts des siens. Il était fier, propulsé à cette place de chef de famille qu'il estimait devoir lui revenir. Anxieux aussi : il savait les attentes de la mère. Pouvait-elle lui faire confiance ? Était-il un homme d'argent ? Elle avait jeté son dévolu sur une petite parcelle, à Voncq. À Frédéric de s'en emparer, mais sans faire monter le prix. Il fallait bluffer, lui avait-elle dit, feindre de ne pas être intéressé, mais un peu quand même. Elle avait fixé un montant à ne pas dépasser : sept cents francs.

Tandis que la mère, debout, était restée au fond de la salle, Frédéric avait rejoint la table des participants. Pour son malheur, une bouteille presque pleine avait été posée devant lui. Il s'était servi un verre, puis deux. Pour se donner du courage. Mais dès que l'adjudication commença, il se sentit perdu. À cause de la pluie, il entendait à peine les chiffres annoncés. À chaque nouvelle enchère, le voilà qui hésitait. Relancer ? Mais de combien ? Il transpirait, jetait à la mère des regards inquiets. Mais celle-ci restait de marbre. À toi de te débrouiller, semblait-elle lui dire. Frédéric avait fini la bouteille, la tête lui tournait. Autour de lui, des cultivateurs à l'haleine avinée et aux mains calleuses le jaugeaient comme une pièce de bétail. Des paysans qui avaient flairé sa peur. Un traquenard ! Il entendait leurs rires. Tous, ils se foutaient de lui, de sa maladresse, renchérissant quand bien même personne n'en voulait, de ce bout de terrain. Frédéric crevait de chaud à présent, chemise et front trempés de sueur. Que faire ? Surpayer ? Ou bien renoncer à la parcelle ? La hantise de revenir les mains vides fut la plus forte. Pressé d'en finir, il proposa près de mille francs. Largement au-dessus du plafond que la mère avait imposé.

« Trois feux, de la durée d'une minute au moins chacun, ayant été allumés successivement et s'étant éteints sans nouvelles enchères, le lot est attribué à Frédéric Rimbaud, pour le compte et le profit de Vitalie Cuif, pour laquelle il se porte fort. »

La mère avait obtenu la terre espérée, mais à quel prix ! Déçue, mais guère surprise. Son fils manquait de ruse, incapable de se dominer, de dissimuler ses intentions. Il n'avait pas l'âme paysanne. L'âme d'un Cuif.

Les semaines suivantes, la mère ignora Frédéric. Arthur seul occupait ses pensées. Depuis qu'il s'était installé dans la Corne de l'Afrique, le cadet donnait régulièrement des nouvelles, d'Aden ou de Harar, ville musulmane occupée par les

Égyptiens où il lui arrivait d'être envoyé en mission. Au repas du soir, on l'entendait soliloquer, la veuve du capitaine, et sa voix prenait des accents tantôt désespérés, tantôt exaltés. Qu'était-il allé faire là-bas, ce fils exceptionnel, au milieu de tous ces nègres ? demandait-elle. Ses lettres déchiraient son cœur de mère. Mais un jour il reviendrait, c'était certain, il reprendrait la ferme. Et à la vision de leurs retrouvailles, sur le quai d'une gare, à Charleville ou à Voncq, ses yeux s'éclairaient, enfin apaisés.

Un soir qu'il était rentré tard, Frédéric avait remarqué, rangé sur une étagère de la salle à manger, un paquet d'enveloppes. C'était la correspondance d'Arthur, conservée depuis son départ pour Gênes. Une longue complainte, sur le climat « grincheux et humide », ou sur son travail « absurde et abrutissant ». À Chypre, à Alexandrie, à Aden, Arthur n'était bien nulle part, terrassé par le cafard ou par la maladie. Sans cesse, au bout de quelques jours, lui prenait l'envie de ficher le camp, vers un ailleurs plus prometteur, jusqu'à l'escale suivante, à la prochaine chute.

« Heureusement que cette vie est la seule, et que cela est évident, puisqu'on ne peut s'imaginer une autre vie avec un ennui plus grand que celle-ci ! »

Frédéric le prit en pitié, ce frère si malheureux. Et puis il tomba sur ce passage :

« Je crois qu'il ne faut pas encourager Frédéric à venir s'établir à Roche, s'il a tant soit peu de travail ailleurs. Il s'ennuierait vite, et on ne peut compter qu'il y resterait. Quant à l'idée de se marier, quand on n'a pas le sou ni la perspective ni le pouvoir d'en gagner, n'est-ce pas une idée misérable ? Pour ma part, celui qui me condamnerait au mariage dans des circonstances pareilles, ferait mieux de m'assassiner tout de suite. Mais chacun son idée, ce qu'il pense ne me regarde aucunement, ne me touche en rien, et je lui souhaite tout le bonheur possible sur terre et particulièrement dans le canton d'Attigny. »

L'aîné se sentit blessé, trahi. Même très dissemblables, Arthur et lui, plus jeunes, avaient toujours fait front face à la mère, ses oukases, ses torgnoles. Voici que, devenu adulte, son frère se permettait de lui faire la leçon (était-il le mieux placé ?). Rompant le pacte tacite qui les unissait.

Enfant, Frédéric n'avait jamais vraiment éprouvé de jalousie envers Arthur. Au contraire. Ses résultats extraordinaires au collège l'avaient rendu fier, tout autant que la mère. Jaloux ? Et pourquoi ? Les études ne l'avaient jamais intéressé, pas une seule fois il n'avait cherché à s'y distinguer. Ce qu'il avait voulu, c'était s'illustrer à la guerre, s'y montrer brave et héroïque. Comme le père. Il avait rêvé de galons et de Légion d'honneur. Un poète et un soldat dans la même famille, quoi de plus noble, de plus glorieux ? Malheureusement, ni pour Arthur ni pour lui, l'histoire ne s'était écrite ainsi.

Longtemps, la mère avait pris soin de ne pas marquer de préférence entre ses deux garçons, aussi impitoyable avec l'un qu'avec l'autre. Arthur ayant de meilleures notes, il écopait moins, mais il n'y avait pas de sentiment d'injustice. À Frédéric et à Arthur, qui avaient tous deux refusé de retourner au collège après leurs fugues, elle avait coupé les vivres de la même façon.

Elle ne dissimulait plus maintenant sa prédilection pour le cadet.

Frédéric était revenu à Roche pour l'assister, peut-être pour lui succéder. Il s'était mis dans la situation du « bon fils », lui qui, à l'école, faisait figure de « mauvais Rimbaud ». Il se donnait du mal lors des travaux agricoles, mais la mère restait de glace, lui remettant à la fin de la semaine à peine de quoi vivre. La paie d'un journalier.

À l'inverse, tandis qu'Arthur s'était exilé à des milliers de kilomètres, chacune de ses lettres était reçue avec autant de dévotion qu'une missive papale. Et pourtant, quand il écrivait, c'était toujours pour se plaindre, ou réclamer toutes sortes de choses, listes interminables de livres à lui envoyer : traités de topographie, de géologie, de minéralogie, de mécanique, de métallurgie, de maçonnerie, d'astronomie appliquée ; ouvrages sur les constructions métalliques, les tunnels, les souterrains ; dictionnaires d'ingénierie militaire ; cartes de l'Abyssinie. Et un tas d'objets à l'utilité obscure : longue-vue, compas, baromètre, graphomètre, ou encore un théodolite, « le meilleur instrument topographique », prétendait-il.

Fut un temps, la mère l'aurait envoyé balader.

Mais étrangement, depuis qu'il était parti, la voilà qui cédait à tous ses caprices, malgré le temps nécessaire pour dénicher les livres et les objets en question, et surtout l'argent à avancer. Frédéric ne la reconnaissait plus, cette mère d'ordinaire plus pingre qu'Harpagon. Et pour la première fois peut-être, il éprouva un sentiment d'injustice. S'il avait pu comprendre, un temps, que l'on s'intéressât davantage à son frère en raison de ses dispositions pour les études, ce privilège, à ses yeux, n'avait plus lieu d'être : Arthur avait abandonné le collège, la littérature, et il errait, seul dorénavant, au fin fond de l'Afrique. De ses dons exceptionnels, il n'avait pas tenu les promesses.

Plus son frère vieillissait, trouvait Frédéric, plus il ressemblait à la mère : dur au mal, parcimonieux, obsédé par l'argent. « Le grand malade, le grand criminel, le grand maudit », comme il se définissait dans sa jeunesse, avait appris à compter. Il s'était mis en tête à présent d'acheter un appareil photographique, grâce auquel, disait-il, il allait pouvoir « faire une petite fortune en peu de temps ». Il avait trouvé un vendeur, un colonel qui vivait à Lyon, et fait transférer à Roche une somme de mille francs.

Arthur était loin du compte. Le prix demandé par le colonel était près du double.

Cette fois-ci, la mère s'était emportée : « On te vole, Arthur ! »

Aussitôt, le cadet avait rétorqué :

« Pour moi je trouve que je suis servi à bon marché. Je n'ai qu'une crainte, que ces choses se brisent en route en mer. Si cela m'arrive intact, j'en tirerai un large profit. Au lieu donc de te fâcher, tu n'as qu'à te réjouir avec moi. Je sais le prix de l'argent et si je hasarde quelque chose, c'est à bon escient. »

Entre-temps, la facture du colonel avait encore grimpé. Pour qu'Arthur pût obtenir l'appareil, la mère allait devoir débourser mille cinq cents francs !

Évidemment, elle était furieuse. C'en était fini, disait-elle, de cet enfant trop gâté, de ses commissions faramineuses.

C'était bien le moins qu'elle pût faire. Et Frédéric

en était presque à s'indigner que son frère eût le culot d'exiger une telle somme, deux fois le salaire annuel d'un journalier, pour le seul plaisir de prendre des photographies !

L'affaire était close, croyait-il.

À tort.

Malgré ses sermons, la mère s'acquitta du règlement, car, dit-elle, elle était une femme de devoir.

Tout en jurant :

« Qu'il ne me demande plus jamais rien ! »

Frédéric, qui avait lu la Bible – au collège, il avait obtenu son seul premier prix en instruction religieuse –, songea à la parabole du fils prodigue, parti dilapider son héritage dans un pays lointain, et pourtant accueilli à bras ouverts, à son retour, par son père. Frédéric avait le mauvais rôle, celui de l'aîné, resté sur les terres familiales, plein de ressentiment. Lui aussi se mit en colère. Et à la mère, il tint un discours qui ressemblait peu ou prou à celui du personnage de la parabole :

« Voilà tant d'années que je te sers sans avoir

jamais désobéi à tes ordres, et, à moi, tu n'as jamais donné une telle somme d'argent. »

Mais à la différence du père dans le récit biblique, Vitalie Cuif ne daigna pas justifier son geste.

« Tout ça ne te regarde pas, dit-elle à Frédéric. C'est mon argent, et je le dépense comme bon me semble. »

*

Dès que les Justin avaient emménagé là, à une centaine de mètres, la mère avait su : cette famille lui ferait la vie impossible. Leur marmaille, enfants crasseux, mal élevés, qui dévalaient les escaliers en poussant des hurlements, avant de quadriller le village, tels des envahisseurs un terrain ennemi. Combien étaient-ils ? Dix ? Quinze ? Plus encore ? Mieux eût valu encore vivre à côté d'une réserve de chiens errants, les centaines qu'on voyait courir par les sentiers en tous sens, battant les buissons et les taillis, une calamité pour le gibier, et que le maire avait juré d'anéantir – il venait de faire jeter des boulettes empoisonnées sur tout le territoire.

Vingt ans que ces petits cultivateurs de Sorcy-Bauthémont s'étaient implantés dans le pays. Autour de Roche, les Justin devaient maintenant posséder quelque chose comme deux hectares. C'était peu, mais il y avait aussi cette maison, pierres de taille et toit en ardoise. Longtemps, elle avait fait partie du domaine des Cuif, avant que Charles-Auguste, le frère de la mère, ne s'en fît exproprier. De les voir, ces va-nu-pieds, occuper ce vestige de son histoire familiale, la mère en avait chaque matin un haut-le-cœur.

À son hostilité, ajoutons une autre raison : Germain Justin et son épouse, Esther, étaient devenus les cabaretiers du village. À chaque fête, noce, comice agricole, dans les hameaux des environs, Méry, Coegny, Chuffilly, Roche, leur était dévolue, par arrêté municipal, la charge sacrée de vendre de l'alcool. Pour la mère, de ces ivrogneries, sources de désordre, de bruit, de bagarres, les Justin étaient les premiers responsables. Sans parler du reste, les comportements obscènes et les copulations brutales.

L'aîné des Justin, Ernest, venait d'être nommé garde champêtre. C'était un rôle important dans la commune. Il devait faire respecter le règlement sur le glanage – interdit de glaner avant ou après le coucher du soleil ; s'assurer que les habitants ne laissaient rien traîner sur la voie publique (herses, charrues, bois, fumier) ; vérifier que les chiens étaient muselés et tenus en laisse.

Mais Ernest n'avait que vingt-deux ans. Alors, le soir, comme Frédéric, avec qui il s'était trouvé, il se laissait aller à boire quelques absinthes dans les tavernes d'Attigny, des lieux où l'on se divertissait un peu, et Dieu savait qu'ils n'étaient pas légion par ici. Une nuit, la virée tourna au scandale. À tel point que le maire de Chuffilly-Roche fut sommé de s'en expliquer auprès du sous-préfet :

« Le garde champêtre de notre commune, malgré un engagement lui interdisant formellement la fréquentation des cabarets, s'est plongé hier dans un tel état d'ivresse qu'il a dû se coucher dans les rues du village. Inutile de dire que cette scène déplorable a froissé les gens du pays, et attiré contre son auteur le mépris de tout le monde. »

Pour la mère, l'incident ne fit que confirmer le mal qu'elle pensait des Justin, des corrupteurs qui s'enivraient, enivrant à leur tour les plus faibles, les détournant de leur labeur. Frédéric était de ceux-là. Combien de fois l'avait-elle trouvé saoul au milieu de la nuit ? Elle avait beau l'en avertir, le dissuader, il s'entêtait à les fréquenter, ces Justin de malheur ! Toujours, il avait aimé s'entourer de gens en dessous de sa condition, des ignares, des ouvriers. Et cet air satisfait, qu'on pourrait le croire millionnaire... Aujourd'hui, l'exploitation tournait bien. Mais qu'en serait-il avec lui ? Comment conduirait-il ses affaires, la ferme, les terrains, les récoltes ? Le souvenir de ses frères la hantait. Elle craignait qu'un atavisme n'eût prédisposé Frédéric aux mêmes travers : peu réfléchi, porté sur la boisson, toujours désirant prendre femme.

La mère voulut convaincre Arthur de revenir. Arthur, qui, lui, avait su s'assagir, laisser passer les tourments – et quels tourments ! – qui lui avaient fait abandonner le collège, alors qu'on le destinait aux plus grandes universités.

Elle lui confia ses désillusions : les fréquentations de Frédéric, son goût pour l'alcool et les filles. Elle avait besoin de revoir son autre fils, de sentir la présence rassurante d'un homme sur qui s'appuyer.

Mais Arthur n'avait aucune envie de rentrer à Roche :

« Quant à revenir en France, qu'irais-je chercher là, à présent ? Il vaut beaucoup mieux que je tâche d'amasser quelque chose par ici, ensuite je verrai. Les histoires de Frédéric ne sont pas agréables sans doute. Il faut espérer qu'il se tranquillisera. À notre âge, on ne fait plus de ces enfantillages. »

Une fois encore, le fils préféré se dérobait. Et la mère dut prendre son mal en patience. Elle espéra. Elle pria. Appelant du fond de son âme, le soir avant de se mettre au lit, avec toute la ferveur dont elle était capable, et comme un ultime accomplissement, le plus merveilleux, une vieillesse heureuse, ses enfants autour d'elle, foi chevillée au corps, veillant à tour de rôle sur ses dernières années.

Le jour, peut-être afin de tromper son angoisse, elle continuait à courir les ventes aux enchères, raflant de nouvelles terres, à Méry, à Roche, à

Sainte-Vaubourg. Une dizaine d'hectares, plus de quinze mille francs investis. Avec opiniâtreté, elle reconstituait, parcelle par parcelle, le domaine des Cuif. Comme un hommage à son père bien-aimé, et la réparation du déshonneur causé par ses frères.

*

La plus déçue du retour de Frédéric fut Isabelle. Son aîné – qui était aussi son parrain – la déroutait. Il était gentil, certes, attentionné, bienveillant, mais toujours il fallait qu'il s'en allât à droite, à gauche, on ne savait où. Ce n'était pas seulement qu'il se fichait de Dieu – elle avait bon espoir qu'un jour la foi lui reviendrait –, mais elle le voyait se laisser vivre, content de lui, débonnaire, pris d'un mal qu'elle ne comprenait pas, dès que venait le soir, une fièvre qui le poussait dehors, dans des lieux qu'elle imaginait chauds et obscurs, avec des femmes aux regards obscènes, qui l'entraînaient dans des chambres aux murs poisseux, aux draps maculés de sang et puant l'urine.

Ses années de régiment l'avaient changé. Elle avait conservé le souvenir ébloui d'un réveillon de Noël, quand, à la faveur d'une permission, il avait débarqué à l'improviste. Ce qu'il était superbe dans son uniforme, tandis qu'il déroulait les anecdotes sur sa vie militaire. Il venait d'être nommé caporal, à vingt ans, comme le père au même âge.

Toutes ces promesses, alors...

Arthur était arrivé plus tôt dans la journée, Vitalie était encore là, les médecins n'avaient pas diagnostiqué sa maladie. Et Isabelle avait ressenti une telle joie à la voir enfin réunie, cette famille si spéciale... Ils avaient ouvert les fenêtres, malgré le froid, parce que tous, ils voulaient se serrer en regardant, noyés dans un brouillard auquel se mêlaient les vapeurs de la Meuse, le mont Olympe, et, sur la droite, le vieux Moulin, silhouette spectrale qui se détachait dans la nuit. Pendant que Vitalie arrangeait les appartements, Arthur et Frédéric, un peu éméchés, étaient restés dans la salle à manger, à fumer des cigarettes, à dire à la mère, en riant, pour la provoquer, qu'il serait hors de question pour eux d'aller à la messe de Noël. Et la mère avait souri, satisfaite. Elle avait élevé seule de beaux enfants, elle avait fait de son mieux, et elle pouvait à présent s'autoriser l'orgueil de les contempler.

Isabelle s'ennuyait. Les lettres d'Arthur, ce frère que pourtant elle connaissait peu, qui, à Charleville ou à Roche, passait en coup de vent, souvent taciturne, étaient devenues son unique source de joie, d'évasion. Elle les attendait, les espérait, eût voulu les faire voyager plus vite, qu'elles arrivassent aussitôt après avoir été écrites. Elle les dévorait, épisodes d'un feuilleton rempli d'aventures, d'entreprises toujours extraordinaires : son projet d'ouvrage sur le Harar qu'il préparait pour la Société de géographie, ou ses périples, pénibles et dangereux, dans le Choa, dans l'Ogadine, autant de pays inexplorés, de noms mystérieux qui la faisaient trembler.

Il lui arrivait aussi de pleurer quand son héros étalait son désespoir :
« Quelle existence désolante je traîne sous ces climats absurdes et dans ces conditions insensées !

Ma vie ici est donc un réel cauchemar. Ne vous figurez pas que je la passe belle. Loin de là : j'ai même toujours vu qu'il est impossible de vivre plus péniblement que moi. »

Elle voulait aller le rejoindre à Aden. Le soutenir, l'aider. Elle ne connaissait pas grand-chose au négoce, lui avait-elle dit, mais elle comprenait vite, et s'il prenait la peine de lui expliquer...

Mais Arthur l'avait découragée :

« Isabelle a tort de désirer me voir dans ce pays-ci. C'est un fond de volcan sans une herbe. »

Était-elle donc condamnée à rester ici, dans ce trou, jusqu'à la fin de ses jours, à terminer vieille fille, ou mariée à un gars du pays, paysan avaricieux, propriétaire cupide, un Fricoteaux, un Lesure, ou, pire encore, un de ces analphabètes qu'il plaisait à Frédéric de fréquenter ?

La désirait-on ? Elle ignorait ce que ce mot voulait dire. Ou plutôt elle s'en doutait et c'était assez. Elle savait qu'on lui trouvait de beaux yeux, d'un bleu particulier, un peu mauve. Des yeux pénétrants et inquisiteurs.

Arthur la poussait à prendre un époux :

« Isabelle a bien tort de ne pas se marier si quelqu'un de sérieux et d'instruit se présente, quelqu'un avec un avenir. La vie est comme cela, et la solitude est une mauvaise chose ici-bas. Pour moi je regrette de ne pas être marié et avoir une famille. Hélas ! à quoi servent ces allées et venues, et ces fatigues, et ces aventures chez des races étranges, et ces langues dont on se remplit la mémoire, et ces peines sans nom si je ne dois pas un jour après quelques années pouvoir me reposer dans un endroit qui me plaise à peu près, et trouver une famille, et avoir au moins un fils que je passe le reste de ma vie à élever à mon idée, à orner et à armer de l'instruction la plus complète qu'on puisse atteindre à cette époque, et que je voie devenir un ingénieur renommé, un homme puissant et riche par la science ? »

Ces ambitions-là, Isabelle les partageait. Des enfants, oui, mais avec qui ? Elle aurait dû rester à Charleville, se disait-elle. Là, au moins, il se serait trouvé des hommes raffinés, pieux, travailleurs. Des hommes sérieux et instruits, avec un avenir, comme ceux qu'avaient épousés les filles du couvent.

Mais d'autres jours, son humeur était toute différente, et les hommes de Charleville se voyaient affublés des pires défauts : « Égoïstes et grincheux comme leur climat, froids et traîtres comme le brouillard de la Meuse. »

Et toujours, elle songeait à Arthur, ce frère admiré, à la jeunesse chaotique. Elle savait qu'il avait écrit. Mais chaque fois qu'elle avait essayé d'ouvrir cette *Saison en enfer*, dont un exemplaire était rangé dans la bibliothèque, elle l'avait refermée presque aussitôt, tant les mots qui défilaient devant ses yeux étaient obscurs, et leur agencement incompréhensible.

En cette veille de Toussaint, je retrouvai devant la gare Saint-Lazare, à Paris, une femme toute fluette. Jacqueline Teissier-Rimbaud m'avait donné rendez-vous là, autour des quelques tables qui venaient d'être installées afin de donner au quartier un peu de « convivialité », selon un jargon à la mode. Il était presque dix heures. Il y avait une belle lumière d'automne, aux tons de cuivre, à la fois austère et réconfortante.

La soixantaine, cheveux au carré tirant vers le blanc, Jacqueline est une des dernières descendantes d'Arthur Rimbaud; la dernière en tout cas à porter ce patronyme mondialement célèbre. Pour être précis, elle est l'arrière-petite-fille de Frédéric Rimbaud, le frère du poète.

Jacqueline a longtemps travaillé chez France Télécom, aux ressources humaines (parmi les autres descendants des Rimbaud, on trouve bizarrement beaucoup d'employés de la SNCF). Aujourd'hui, elle partage sa vie entre Levallois, où elle habite, et Tarbes, où elle se rend pour soigner sa mère. De sa famille, Jacqueline dit être la seule à s'intéresser encore à Arthur Rimbaud – et peut-être s'y intéresse-t-elle davantage qu'à son arrière-grand-père.

Après avoir trouvé un café où nous asseoir, Jacqueline m'avoua ses inquiétudes sur la situation des Amis de Rimbaud, cette association dont elle était la vice-présidente. Le nombre d'adhérents avait chuté, ils n'étaient plus qu'une centaine, le site Internet n'était pas à la hauteur. Sa voix était douce, mais son débit saccadé, ce qui donnait une curieuse impression.

Ce n'était évidemment pas de ça dont je voulais parler. Mais bien de l'autre Rimbaud. J'espérais récupérer des lettres, des pièces administratives (je rêvais secrètement d'un journal de Frédéric qui n'aurait pas été exhumé). Je comptais aussi sur l'histoire orale dont Jacqueline était la dépositaire, histoire transmise par Émilie, sa grand-mère, la fille aînée de Frédéric, décédée en 1977 à l'âge de quatre-vingt-douze ans.

Je fus tout de suite refroidi. Non seulement Jacqueline disait ne posséder aucun document, mais elle prétendait ne rien connaître à la vie de son aïeul:

« Dans la famille, on ne parlait pas de ces choses-là. »

Son père, un menuisier, lui répétait:

« Laisse tomber les morts qui n'ont rien fait de bon ! »

Quant à sa grand-mère, la fameuse Émilie, qui était restée vivre dans les Ardennes, elle était plutôt du genre taiseuse. Une femme dure, qui ressemblait, disait-on, à Vitalie Cuif.

« Quand elle nous invitait à déjeuner, elle se mettait à table à midi pile. Si on arrivait à midi deux,

elle nous demandait de partir et de revenir quand elle aurait fini son repas. »

À cette femme peu commode, on avait donné le surnom de « Mémé des Ardennes ».

« Quand elle nous voyait parler aux voisins, elle se précipitait vers nous : "Vous avez été voir les voisins ? Qu'est-ce qu'ils vous ont posé comme question ? Qu'est-ce que vous leur avez dit ?" Il y a cinquante ans, dans le pays, on avait encore honte d'être les descendants d'Arthur Rimbaud. Il n'avait pas vécu normalement.

– C'est-à-dire ?

– Eh bien, son histoire avec Verlaine. C'était mal vu. »

La mémoire de Frédéric a été perdue, et aujourd'hui, il était trop tard, se désolait Jacqueline. Tous les témoins de l'époque étaient morts, et de nombreuses archives avaient été détruites durant les deux guerres (la maison de la famille Rimbaud, à Roche, fut plastiquée en 1918 par l'armée allemande).

Et pourtant, quand je lui annonçai mon intention de retracer la vie de son arrière-grand-père,

Jacqueline ne sembla pas particulièrement enthousiaste. Aimable, oui. Encourageante, non.

Peut-être ne me prit-elle pas au sérieux.

Ou bien avait-elle honte de ce « raté » dont elle était la descendante ?

Les autres rimbaldiens avec qui je pus m'entretenir par la suite accueillirent mon projet avec cette même courtoisie un peu distante. Aucun n'eut l'air surpris ni choqué. À vrai dire, je sentais que l'autre Rimbaud n'éveillait pas chez eux un intérêt extraordinaire.

Jacqueline m'apprit qu'il avait existé un lourd contentieux familial autour des droits d'auteur d'Arthur Rimbaud. La branche de Frédéric n'avait rien reçu : tout était allé à Isabelle, la plus jeune sœur, puis à son mari, Paterne Berrichon, qui lui avait survécu, et enfin à la seconde épouse de celui-ci, son ancienne gouvernante, Marie Saulnier.

« J'étais en contact avec cette famille, dit Jacqueline. Il m'arrivait d'aller chez eux, en Charente-Maritime. Et puis, un jour, j'ai appris

qu'ils ne voulaient plus me recevoir. Ils ont peut-être eu peur que je leur demande quelque chose. »

Afin d'obtenir la part des droits d'auteur qu'elles estimaient devoir leur revenir, Émilie et Nelly, les deux filles de Frédéric Rimbaud, avaient intenté une action judiciaire en 1928 contre Marie Saulnier et le Mercure de France. La procédure avait duré six ans, mettant aux prises deux célèbres avocats de l'époque, le bâtonnier Henri Robert (pour les plaignantes) et José Théry (pour l'éditeur). Les sœurs Rimbaud furent déboutées : elles avaient non seulement agi trop tard, mais il n'existait, selon la cour d'appel de Paris, aucune preuve que Frédéric se fût intéressé à la succession de son frère Arthur.

Quand elle me raconta cette histoire, il y avait dans la voix de Jacqueline un brin d'amertume, comme si la décision de la cour d'appel avait été rendue la veille. Comme si ce procès, elle aussi l'avait perdu, encore incapable, un siècle plus tard, de pardonner à Isabelle Rimbaud d'avoir lésé ses aïeux.

On peut découvrir les visages d'Émilie et de Nelly sur le site de l'INA (Institut national de l'audiovisuel), dans l'émission « Lectures pour tous » du 25 novembre 1954, diffusée à l'occasion du centenaire de la naissance d'Arthur Rimbaud. Elles y racontent leur enfance, les quelques mauvais souvenirs de Mme Rimbaud, leur grand-mère. À Pierre Dumayet et Pierre Desgraupes, les deux journalistes qui s'étonnent qu'elles ne possèdent aucun livre de leur oncle, Émilie a cette réponse qui donne la mesure, et de son tempérament, et de sa rancœur:

« Puisque nous ne touchons pas de droits d'auteur, nous en achèterons quand ça tombera dans le domaine public ! »

Déchu

Les premiers temps, Frédéric ne la regardait pas vraiment. C'était une gamine, la petite sœur de son copain Ernest, le garde champêtre. Il ne lui avait pas échappé, bien sûr, qu'elle le fixait parfois, un regard insistant, aguicheur, avant de détourner la tête quand il se mettait à son tour à la dévisager. Une gamine, oui, qui, de sa courte vie, n'avait rien connu d'autre que cet assemblage bancal de maisons dépareillées. Blanche n'allait plus à l'école depuis longtemps. La journée, elle donnait un coup de main à ses frères quand il fallait charger la gerbière, ou bien s'occupait des petits, sa sœur Juliette qu'elle adorait, et Eugène, le dernier-né. Le reste du temps, on la voyait traîner avec Fanny, la fille

Locart, à reluquer les gars du village qui revenaient des moissons, fourche à l'épaule.

Les mois passant, elle avait appris à se tenir droite, à prendre soin de ses mains. Son corps s'était affiné, succession de courbes discrètes et régulières. Pas très grande, des cheveux blond cendré, un visage poupon aux joues roses. De temps à autre, elle osait un léger décolleté en pointe. Ses grands yeux obliques avaient le bleu très clair des gens de la région.

Les jours et soirs de fête, Blanche était auprès de ses parents, à servir les clients, souriante, un peu gouailleuse. Les hommes ne lui faisaient pas peur, et même quand ils avaient beaucoup bu, elle parvenait à les calmer, à les « désamorcer ». Naturellement, on lui faisait de l'œil, elle était en âge maintenant, mais on savait aussi qu'elle était la sœur du garde champêtre, la fille des cabaretiers; on la ménageait.

Dans l'esprit de Blanche, Frédéric Rimbaud avait toujours occupé une place à part. Ses parents l'appréciaient, lui donnant du « Monsieur Frédéric » quand il venait chercher Ernest. C'était la première fois que les Justin fréquentaient un « bourgeois », qui avait vécu en ville, qui était allé au collège, qui ne portait pas de sabots. Un propriétaire. Pas comme eux. Lui, c'en était un gros, un Cuif, et dans le pays, on s'amusait à faire le compte de ce que sa famille possédait, les terrains, les maisons, les vergers. On disait même que la mère avait placé en Bourse. Et puis, Frédéric avait été à Paris, il avait traversé les mers, il était devenu sergent, c'était quelque chose. Il savait écrire, il avait même travaillé dans un journal, avait-il raconté un soir qu'il était venu partager la soupe.

Avec Blanche, il se montrait doux, un peu timide, et sa voix prenait des modulations délicates, presque féminines. Il la faisait rire quand il baragouinait des phrases avec les quelques mots d'arabe qu'il avait appris en Algérie. Quand les autres hommes la regardaient avec concupiscence, lui continuait à l'observer avec tendresse. Comme on observe, inquiet, une petite sœur qu'on ne veut pas voir grandir.

En revanche, la sienne, de sœur, cette Isabelle Rimbaud, Blanche ne la supportait pas. Une bigote, une menteuse – ah, ce sourire hypocrite! –, qui, avec les petites gens, faisait semblant d'être aimable, mais n'en pensait pas moins. Quand elle les avait surpris, Frédéric et elle, en train de bavarder près du lavoir, un jour que Blanche était allée porter le linge, elle leur avait lancé un regard mauvais, où déjà perçait la rancune. Blanche préférait encore la mère même si elle avait la chair de poule chaque fois qu'elle la rencontrait au village.

« Une sorcière », disait-on dans sa famille.

Frédéric lui avait aussi parlé d'un frère qui était allé chercher fortune, très loin d'ici, dans des pays où il ne pleuvait jamais et où rien ne poussait. Un type un peu toqué, mais épatant, disait-il. Au collège, il avait remporté tous les premiers prix. Aujourd'hui, il faisait du commerce, il vendait des plumes d'autruche et des peaux de chèvre. Un drôle de zig.

À force de se tourner autour, cela devait finir par arriver. Frédéric avait eu le béguin pour Blanche.

Lors du bal de Mardi gras, il l'avait invitée à danser. Elle avait accepté. Il lui avait serré la main, et elle avait fait de même. Quelques jours après, il était donc allé voir Germain Justin, et lui avait demandé à pouvoir épouser sa fille. Il avait bientôt trente ans, elle dix-sept.

« Elle est un peu jeune », avait fait observer le père, qui, cependant, n'était pas mécontent. « Une bouche de moins à nourrir », pensa-t-il en ouvrant sa meilleure eau-de-vie pour trinquer à la future noce. Surtout, Frédéric était le meilleur parti du village. Le cabaretier pressentait toutefois que les choses n'allaient pas être simples. Il savait l'aversion que nourrissait à leur endroit la mère Rimbaud. Il connaissait son caractère tyrannique. Le brave Frédéric serait-il de taille à lui résister ? Par prudence, il proposa d'attendre le dix-huitième anniversaire de Blanche, en avril, avant d'accomplir les formalités. De quoi laisser à Frédéric assez de temps pour amadouer sa mère. Qui sait, il parviendrait peut-être à la convaincre.

Il était évidemment loin de se douter de la bataille qui s'annonçait, et de la déflagration qu'elle allait provoquer dans la vie des uns et des autres.

Quand il se présenta devant la mère pour lui annoncer son intention d'épouser Blanche Justin, Frédéric avait bien du mal à respirer. Il lui semblait qu'un sabre-baïonnette, de ceux qu'il portait à Orléansville, modèle 1866, venait de lui trouer la poitrine. Il transpirait, ses jambes le soutenaient à peine. Même à l'armée ou au collège, quand on lui infligeait les punitions les plus humiliantes, et Dieu savait combien il en avait subi, il n'avait éprouvé pareille sensation. Ah, ça non, il ne faisait pas le fier, le beau sergent à la peau tannée.

La mère était dans la salle à manger, assise à la grande table en chêne où elle travaillait. À la lumière des deux candélabres, elle faisait ses comptes, le relevé des créances, les avis d'échéances, les loyers, la feuille de contribution à remplir pour le percepteur d'Attigny. Frédéric observa ce corps maigre, nerveux, qui pourtant avait porté cinq enfants (l'un était mort en nourrice). Il prit une grande inspiration, bafouilla une déclaration difficilement audible, mais la mère tout de suite comprit. Elle n'eut pas l'air surprise. Une lueur amusée passa dans ses yeux métalliques.

« Mon fils, tu es un fou, ou tu es un idiot, je ne veux pas le savoir, mais tu sais bien que je ne peux pas te laisser faire. »

Elle avait parlé calmement, d'un seul trait, comme si ces paroles, elle les avait préparées depuis longtemps. Dans sa voix, si aiguë d'ordinaire, une assurance, une volonté prête à l'écraser.

Il le savait, il s'y attendait, et pourtant le coup fut rude.

« Pourquoi ? demanda-t-il, implorant.

– Car tu finirais par tous nous ruiner. Il faut toujours que tu ailles avec la merde. Moi vivante, jamais tu ne te marieras avec cette souillon.

– J'ai le droit de me marier !

– Tu n'as aucun droit. Tu es mon fils et jusqu'à nouvel ordre, ce sont aux enfants d'obéir aux parents. »

Puis elle insulta Blanche : une illettrée qui ne savait même pas écrire son nom ! une garce qui prenait des airs de pucelle, qui traînait dans des lieux où une jeune femme n'avait rien à faire! qui n'avait pas d'hygiène! aussi étrangère à la morale chrétienne qu'à la grammaire française!

Mitraillé de la sorte, Frédéric ne songea qu'à s'échapper, à fuir ce regard féroce, ce torrent de boue qu'elle déversait sur eux. À quoi bon défendre Blanche? À quoi bon insister, parlementer, négocier? Pleine de certitudes, de considérations sociales, la mère refusait de voir que les temps avaient changé, que la République avait triomphé, que la liberté, à présent, était la première des valeurs. Celle de se marier. Et bientôt celle de divorcer. Toujours, la mère avait haï 1789 et les «honnêtes révolutionnaires», comme elle les appelait avec dégoût. Mais des lois avaient été votées, se rassurait Frédéric, et elle finirait bien par s'y plier. De gré ou de force.

Il existait encore à cette époque une «majorité matrimoniale»: vingt-cinq ans chez les garçons, vingt et un ans chez les filles. Avant cet âge, pour qu'un mariage pût avoir lieu, le consentement d'au moins un des parents était obligatoire. Au-delà, il n'était pas nécessaire, mais en cas de désaccord le projet de mariage devait être notifié au parent récalcitrant par un acte notarié appelé « acte respectueux ». Cette formalité accomplie, Frédéric pourrait épouser Blanche. C'est du moins ce que lui avaient dit les deux notaires qu'il était allé démarcher, maître Henry Lecomte, à Voncq, et maître Antoine Morin, à Vouziers. Évidemment, ils ignoraient de quoi la mère était capable, et sa détermination à faire capoter ce projet de mariage. Pour eux allait bientôt commencer un long calvaire procédural.

Le lundi 21 avril 1884, trois jours après le dix-huitième anniversaire de Blanche Justin, maître Lecomte et maître Morin se présentèrent devant le portail de la famille Rimbaud, à Roche. Il était environ neuf heures. Des bataillons de nuages aux formes inquiétantes zébraient un ciel terne.

Isabelle leur ouvrit. Digne fille de la mère, elle aussi estimait qu'un mariage entre Frédéric et Blanche était inenvisageable. Son frère était décidément un idiot, et la mère avait bien raison de le répéter depuis des années. Aussi, quand les notaires demandèrent à voir la veuve Rimbaud pour lui signifier l'acte respectueux de Frédéric, Isabelle leur ordonna de déguerpir.

Désarçonnés (il n'était pas dans leurs habitudes d'être ainsi traités), les deux notaires tournèrent dans les ruelles de Roche, à gauche, à droite, à la recherche d'une âme qui vive. Ils frappèrent à toutes les portes. En vain. Cet acte respectueux, il fallait pourtant bien qu'ils le remissent à quelqu'un. Le ciel était devenu noir, et le vent qui avait redoublé n'annonçait rien de bon.

Ils étaient sur le point de renoncer quand, sur le perron d'une maison, de l'autre côté de la route, apparut une vieille femme à la peau parcheminée, l'œil matois. C'était Mme Fricoteaux qui s'en allait nourrir ses poules.

Depuis des générations, les Cuif et les Fricoteaux s'épiaient, se jalousaient.

« Donner ce papier à Mme Rimbaud ? Si vous voulez, dit la vieille. Ah, elle est pas commode, cette dame ! »

Mais quand ils lui demandèrent de signer...

« Signer ? Ah ça, jamais ! »

Les notaires hésitèrent.

« Ce qui compte, c'est que le papier arrive au destinataire, dit l'un.

– Très juste », répondit l'autre.

Et après avoir remis à Mme Fricoteaux l'acte respectueux de Frédéric Rimbaud, maître Lecomte et maître Morin s'en retournèrent chez eux.

Sans surprise, la mère se déclara opposée au mariage. Elle alla plus loin cependant : elle saisit la justice, objectant qu'en l'absence de signature de Mme Fricoteaux, l'acte respectueux de son fils n'avait aucune valeur.

Trois mois plus tard, le mercredi 16 juillet 1884, le tribunal de Vouziers lui donna raison : l'acte respectueux de Frédéric Rimbaud était déclaré nul.

Le mariage était pour l'heure impossible.

Frédéric s'attendait au refus de la mère. Mais certainement pas à ce qu'elle se lançât dans une guérilla judiciaire.

Comment avait-elle osé ?

Il était entré dans une rage folle. Autour de

ce projet de mariage se cristallisèrent toutes ses rancœurs.

Le mépris de la mère pour ses résultats au collège, ou pour sa carrière militaire, jugée médiocre ; la prophétie qu'elle lui jetait à la figure tous les quatre matins :

« Tu finiras comme ton oncle, un ivrogne ! »

Les humiliations devant ses sœurs : « Votre aîné est un idiot, que voulez-vous ! »

Sa « passion » pour Arthur dont elle finançait toutes les lubies depuis qu'il s'était installé à Aden.

Son avarice, sa malveillance. Ses intrigues contre les voisins.

Alors, la voir se signer dix fois par jour devant cette statuette de la Vierge incrustée dans le mur de la grange, c'en était infernal, car il savait, lui, les manigances, les joies mauvaises, les sorts jetés aux uns et aux autres. Cette femme qui brûlait plus de cierges pour souhaiter le mal que pour faire le bien, cette femme tellement méfiante que la simple idée de voir son fils s'unir à une « étrangère » lui était intolérable. Tempérament clanique, fanatique, dont, il le constatait avec dépit, Isabelle avait hérité. À la fois terrorisée et admirative, obéissant à tous les desiderata de la mère, les devançant même.

Frédéric regrettait de s'être enterré à Roche. De son vivant, il ne tirerait rien de la mère, aucun amour et pas un sou. Il aurait dû rester à Charleville, s'y installer pour de bon. Là, il connaissait du monde, il lui aurait été facile de trouver un emploi, de se faire une vie agréable.

Était-il encore temps ? Pourquoi s'était-il accroché à cette famille qui maintenant l'accablait ? À quoi s'attendait-il ? Arthur avait eu raison : quitter cette maison, quitter ce pays, ce continent, s'en aller le plus loin possible, sur les terres les plus sauvages, dans les climats les plus hostiles.

Ne plus jamais les voir !

Il avait compris, lui, que c'était foutu, que chez les Cuif, il n'y avait pas de place pour eux, les hommes ! La mère avait été en guerre contre ses frères. Elle avait été en guerre contre son époux. Elle avait été en guerre contre ses fils. Tous, ils avaient fui. Tous sauf lui, Frédéric. S'il était un idiot, ce qu'il voulait bien admettre, c'était de ne pas les avoir imités.

À dix mille kilomètres, Arthur pouvait bien l'embrasser, la mère, la flatter, lui conseiller de se reposer, lui demander des nouvelles de ses récoltes, ça ne l'engageait pas à grand-chose. Là où il se trouvait, il était redevenu ce fils exceptionnel qui, plus jeune, faisait leur admiration. Pardonnées, ses mauvaises manières ! Sa réputation détestable, à Charleville et à Paris ! Son « amitié » avec Verlaine !

Oubliés, les dettes ! les beuveries ! les rapatriements en urgence, de Vienne ou de Marseille !

Arthur était revenu de l'enfer où il était tombé, et c'était très bien ainsi, mais de découvrir dans ses lettres des leçons de sagesse, des considérations morales, enrobage délicat à ses incessantes demandes d'argent, Frédéric l'avait mauvaise.

Évidemment, Arthur, lui, ne risquait pas de vouloir se marier : les femmes ne l'avaient jamais intéressé. La mère, qui s'en doutait, lui en était reconnaissante : avec lui, aucun danger de voir surgir une bru qui aurait cherché à la déposséder, à la chasser.

Mais cette fois-ci, Frédéric ne se laisserait pas faire. On le disait faible, lâche ? Eh bien on verrait ! Il aimait Blanche et, depuis qu'ils s'étaient rapprochés, il n'arrêtait pas de penser à elle. Sans cesse, il voulait la voir, lui baiser les mains, l'enlacer, la tenir dans ses bras, sentir sa poitrine se gonfler contre la sienne. L'admiration qu'il lisait dans ses yeux le remplissait d'une joie nouvelle, et jamais il n'aurait cru, imaginé même, qu'un être eût pu un jour le contempler avec une telle dévotion. Ce regard chargé d'espoirs, les plus fous et les plus simples, les plus exaltés et les plus modestes, le portait, le faisait pour la première fois se sentir homme. Aussi, quand il avait appris la décision du tribunal, il s'était senti d'autant plus humilié. Il avait craint d'être rabaissé aux yeux de Blanche, ou bien qu'elle pût se sentir trahie parce qu'il n'avait pas su défendre leurs intérêts. Il savait que contre la mère, qui la terrifiait, il se devait de la rassurer, de la protéger. Oui, ils finiraient par vaincre. Cela demanderait du temps, de la patience, de l'obstination. Il n'en manquait pas. Et surtout, lui disait-il, ils avaient la loi pour eux. Il suffisait de rédiger un nouvel acte respectueux, dans les formes requises cette fois-ci, et l'affaire serait faite. Pour pouvoir vivre avec elle, pour que leur amour naissant pût s'épanouir et donner les fruits merveilleux qu'ils étaient en droit d'attendre, il était prêt à tout envoyer balader. Sa famille, et peut-être son héritage. Les yeux de Blanche alors se voilaient. La détermination de Frédéric la flattait, son inconscience l'inquiétait. Elle n'osait le lui avouer : qu'un homme risquât pour elle sa fortune et sa place l'affolait. Elle avait seulement dix-huit ans.

*

Frédéric était parti. Oh, il n'était pas allé bien loin : il s'était installé, temporairement disait-il, chez les parents de Blanche. Il avait bien été précisé que tous deux ne dormiraient pas dans la même pièce.

La mère, elle, avait écrit à Arthur ; une fois encore, elle s'était lamentée sur ce fils écervelé, prêt à épouser la première venue et à mettre en péril l'avenir du domaine. Ce fils qui lui faisait penser chaque jour un peu plus à son frère, Charles-Auguste. Un pochard. Un vagabond.

Arthur, au contraire, était devenu l'homme qu'elle avait longtemps espéré : un marchand, un négociant. Prévoyant, comptant chaque centime âprement gagné, attentif à bien placer son argent. D'Aden, il avait entrepris toutes sortes d'expéditions dans la région du Harar : des caravanes de chameaux, de peaux de chèvre, d'ivoire. Sa témérité avait été remarquée : en dépit du danger, il était allé au contact des tribus locales, les Ogadines, des « musulmans fanatiques », avait-il décrit dans un rapport à la Société de géographie de Paris. Il s'était fait une position, avait amassé un petit pécule, douze à treize mille francs. Et si l'agence du Harar dont il avait la charge venait d'être liquidée, il s'était aussitôt fait réengager par la maison Bardey, qui l'employait depuis son arrivée dans le pays.

Envers son frère, Arthur n'avait plus que dédain :
« Et le fameux Frédéric, est-ce qu'il a fini ses escapades ? Qu'est-ce que c'est que ces histoires

ridicules que vous me racontiez sur son compte ? Il est donc poussé par une frénésie de mariage, cet homme-là. Donnez-moi des nouvelles de tout cela. »

Par un curieux phénomène, l'aîné, pourtant resté à Roche, avait été déchu, quand le cadet, exilé au bout du monde, occupait avec majesté la place de dauphin.

*

Le mardi 2 septembre 1884, en début d'après-midi, maître Lecomte et maître Morin se présentèrent au domicile de la veuve Rimbaud, à Roche, afin de lui remettre le nouvel acte respectueux de son fils Frédéric. L'été touchait à sa fin. L'air s'était rafraîchi et un vent sec balayait les premières feuilles mortes, éparpillées au pied des peupliers.

Ce fut encore Isabelle qui ouvrit.

Non, sa mère n'était pas là, dit-elle sèchement. Et sans attendre ce qu'ils avaient à dire, elle leur claqua la porte au nez.

Lecomte et Morin, qui pressentaient un accueil de la sorte, filèrent directement chez le maire de Chuffilly-Roche, Honoré Déa, un notaire à la retraite.

Depuis des générations, les Cuif et les Déa s'épiaient, se jalousaient.

« Donner ce papier à Mme Rimbaud ? Si vous voulez, dit le vieil homme. Ah, elle est pas commode, cette dame ! »

Et quand les notaires lui demandèrent de signer...

« Avec joie, chers confrères ! Force doit rester à la loi. »

Et après avoir remis à Honoré Déa l'acte respectueux de Frédéric Rimbaud, maître Lecomte et maître Morin s'en retournèrent chez eux.

La mère renouvela son opposition au mariage. Ce serait donc encore une fois au tribunal de Vouziers de trancher l'affaire.

Frédéric était confiant : il avait réclamé à la mère cinq cents francs de dommages et intérêts. Les notaires l'avaient rassuré : la notification avait été faite dans les règles de l'art. Il n'y avait aucune raison pour que les magistrats...

« Tout s'annonce pour le mieux, dit-il à Blanche. Nous allons bientôt pouvoir nous marier. »

Le mercredi 3 décembre 1884, le tribunal de Vouziers déclara nul l'acte respectueux de Frédéric Rimbaud. Cette fois-ci, il était reproché aux notaires d'avoir remis le document au maire de Chuffilly sans avoir cherché au préalable des voisins plus proches. Frédéric était condamné à une amende de cinquante-sept francs.

Lors du retour à Roche, en omnibus, le fils se retrouva face à la mère. Il la salua. Elle ne répondit pas. Et se tournant vers l'avocat qui l'accompagnait, elle dit à ce dernier, bien distinctement afin que tout le monde entendît :

« Je lui dis merde ! »

Frédéric n'avait presque plus un sou. Cette affaire, qui le mettait dans tous ses états, lui coûtait en plus une fortune. Abattu, humilié, il hésita.

Tout recommencer, vraiment ?

Puis il revit le visage de la mère dans l'omnibus, sa morgue, sa façon de le considérer comme sa chose, son désir de l'anéantir.

Alors, il s'obstina.

Le mois suivant, le mercredi 21 janvier 1885, toujours en début d'après-midi, maître Lecomte et maître Morin se présentèrent à nouveau devant la propriété de la famille Rimbaud.

Pas de réponse.

Ils longèrent les maisons voisines, tandis que du ciel noir, depuis trois jours, il pissait de la grêle. On n'y voyait pas à deux mètres. Plusieurs fois ils manquèrent de s'étaler, s'accrochant l'un à l'autre, pépins grands ouverts, leurs bottes pataugeant dans une boue compacte, lourde. À l'autre bout du village, ils finirent par trouver chez lui un homme du nom d'Émile Massé, qui se réchauffait près de sa cheminée.

Depuis des générations, les Cuif et les Massé s'épiaient, se jalousaient.

« Entrez donc ! Approchez, messieurs ! »

À Roche, la famille Massé possédait de nombreuses terres, elle aussi. Des notables, mais républicains, eux. Émile était par ailleurs juge suppléant au tribunal d'Attigny. Son pedigree rassura les notaires.

« Donner ce papier à Mme Rimbaud ? Si vous voulez, dit l'homme. Ah, elle est pas commode, cette dame ! »

Et quand les notaires lui demandèrent de signer...

« Mais c'est tout naturel ! Vive la République ! Vive Grévy ! »

Et après avoir remis à Émile Massé l'acte respectueux de Frédéric Rimbaud, maître Lecomte et maître Morin s'en retournèrent chez eux.

Cette fois-ci, l'issue semblait entendue : Lecomte et Morin avaient juré à Frédéric avoir tenu compte des deux jugements précédents. On ne pourrait rien leur reprocher.

Le mercredi 20 mai 1885, le tribunal de Vouziers déclara nul l'acte respectueux de Frédéric Rimbaud pour la troisième fois consécutive.

Selon les magistrats, Émile Massé habitant à plus de cent mètres de la maison des Rimbaud, il ne pouvait être considéré comme un voisin.

Une nouvelle fois condamné, Frédéric devait verser à la mère un dédommagement de cinquante-six francs.

Comment ne pas avoir le sentiment d'être maudits ? Plus d'un an, maintenant, que Frédéric Rimbaud et Blanche Justin avaient lancé cette procédure, et les voici au même point, c'est-à-dire nulle part. La notification d'un acte respectueux leur avait toujours été présentée comme une formalité. Surtout à leur époque – on était quand même en 1885 –, sous la IIIe République. Cette même République qui prétendait émanciper les individus, cette République qui venait de rétablir le divorce. Comment se faisait-il que la mère Rimbaud pût leur pourrir la vie ainsi et les empêcher de se marier ? D'où venait son pouvoir ?

Blanche en était convaincue, et ses parents aussi : cette femme avait des relations. Elle avait passé du temps en ville, son mari avait été capitaine, cela comptait. Le tribunal était sous influence. Peut-être avait-elle soudoyé les magistrats, elle qui avait tellement d'argent ! Peut-être leur avait-elle fait miroiter un avancement ? Comment expliquer sinon cette succession de décisions ? Et ces justifications tellement grotesques ! Les notaires eux-mêmes, pas vraiment des perdreaux de l'année, en étaient restés effarés. Un tel pointillisme dans l'application de la loi, ils n'avaient jamais vu ça, disaient-ils.

Frédéric non plus n'en revenait pas. Sa mère, sa propre mère, avait juré de le mettre à terre, de le piétiner, de le briser. Et pour cela, elle usait de tous les stratagèmes, déployait toute sa méchanceté, et il avait été loin d'en prendre la mesure.

Il eût voulu de ses mains l'étrangler, l'égorger, ou s'introduire dans sa chambre, la nuit, et l'étouffer. Quand le sommeil ne venait pas, il rêvait de la voir s'agenouiller devant lui, implorer son pardon, comme elle s'agenouillait et implorait, le dimanche à l'église, ce Dieu, qui, s'il existait, et s'il était un tant soit peu honnête, ne pourrait faire autrement que de l'expédier en enfer à l'heure venue !

À Roche, Frédéric aidait le père Justin lors des fêtes de village, ou au marché d'Attigny, à vendre les légumes de son potager. Tout ça rapportait des clopinettes. Ces derniers mois, les prix avaient chuté, et pour les petits cultivateurs, s'en sortir était devenu de plus en plus dur.

Que faire ? Car Frédéric, désormais, ne pouvait plus reculer. Blanche était enceinte (les maintenir dans deux chambres séparées n'avait servi à rien). Il se devait de l'épouser si la jeune femme ne voulait pas donner naissance à un bâtard.

Acculé, Frédéric revit les notaires.

Déposer un quatrième acte respectueux ? Absurde, répondirent-ils. Il n'y avait rien à attendre des juges de Vouziers. La seule issue, selon eux, c'était de porter l'affaire devant la cour d'appel de Nancy. Oui, il faudrait prendre un avocat, ce qui, pour ce type de juridiction, était très onéreux. Mais les chances de l'emporter étaient réelles.

Frédéric ne savait que faire. Il les avait tellement écoutés, ces deux-là... Mais avait-il le choix ? S'arrêter maintenant ? Capituler, comme cette enflure de Bazaine lors du siège de Metz ? Alors, ce serait encore pire. Il y gagnerait seulement le déshonneur et le mépris de Blanche. Il fallait aller jusqu'au bout. Périr peut-être, mais la tête haute.

Le samedi 30 mai 1885, tandis que la nation tout entière se préparait aux funérailles de Victor Hugo, Frédéric Rimbaud fit appel des jugements du tribunal de Vouziers, qui lui interdisaient d'épouser la femme qui portait son enfant. La cour d'appel de Nancy se réunirait le samedi 11 juillet pour statuer.

*

Frédéric continuait à se morfondre, sujet à des accès de mélancolie, ruminant la vindicte des siens. Ce qui le blessait par-dessus tout, c'était l'attitude d'Arthur, son frère, son ancien meilleur ami, qui plutôt que de le défendre, de faire entendre raison à la mère, avait pris fait et cause contre lui.

Qu'il voulût se marier, était-ce vraiment si déraisonnable, si anormal ? Quelle drôle de famille ! Et combien Vitalie lui manquait, pauvre sœur qui savait si bien calmer les colères, éteindre les conflits.

Le reconnaîtrait-elle à présent, son Arthur, le « voyant », le « voleur de feu », l'apôtre du « dérèglement de tous les sens » ?

Au visage romantique des années de jeunesse s'en était substitué un autre, râpeux celui-ci, sévère, joues creusées. Mort, le poète ! Le négociant avait vaincu, esprit tourbillonné de chiffres, de sommes, de règlements, de factures ! De sa folie, de ses obsessions, les vers n'étaient plus l'objet. L'argent avait fait place nette : ses investissements, ses appointements, ses perspectives de gains, sur cinq ou dix ans, les fluctuations des monnaies qu'il savait par cœur, la roupie, la livre, le florin, le talari. Les cours du café, de l'or, de l'ivoire. Ah, l'argent ! Quand on les entendait, ceux qui en avaient, on se demandait bien pourquoi ils avaient fait tant et tant pour devenir riches. Que de soucis, de dilemmes ! Le choix du placement ! Les taxes ! Les révolutions !

« Je voudrais bien envoyer en France cette somme, mais cela rapporte si peu ; si on achète du 4 %, on perd l'intérêt de deux ans ; et du 3 %, ça n'en vaut pas la peine. D'ailleurs, au change actuel des roupies, il faudrait toujours que j'attende ; à présent on ne me donnerait pas plus de 1,90 pour paiement comptant en France. 10 % de perte, comme c'est agréable après cinq ans de travail ! »

Était-ce vraiment Arthur, ce frère qui avait parlé « d'épuiser en lui tous les poisons pour n'en garder que les quintessences », qui mégotait ainsi sur les produits de son capital ?

Ah, c'était bien la peine de se moquer des notaires de Charleville et de leurs breloques à chiffres, des rentiers à lorgnon, des épiciers retraités qui revêtaient l'uniforme, des bourgeois à la bedaine flamande !

Frédéric était amer, il buvait plus que de raison, débordant d'affection pour Blanche, qui en venait à le repousser. Cet enfant à naître, comment allaient-ils l'élever ? Avec quel argent ? Il s'était bien compliqué la vie, l'autre Rimbaud ! Il allait leur falloir quitter Roche. Frédéric aurait voulu s'installer le plus loin possible, tout recommencer, mais Blanche refusait de s'éloigner de sa famille.

« Attigny, si tu veux, lui avait-elle dit. Mais pas plus loin. »

Va pour Attigny, alors.

*

À Roche, on se délectait. Cette affaire de mariage, c'était une sacrée histoire, de celles qui faisaient parler le soir, à la veillée ; on supputait, on glosait, on tirait des conjectures, on s'étripait, et plus tard, on raconterait à ses enfants, et ces derniers, à leur tour, à leurs petits-enfants, etc.

Sûre de son bon droit, la mère s'opposait maintenant à ce que le bal de la fête patronale, programmé le 15 juin, se tînt comme chaque année devant sa maison. Elle était allée voir le maire de Chuffilly-Roche, Honoré Déa. Elle ne supporterait pas, avait-elle dit, de voir les Justin faire la noce devant ses fenêtres. Elle l'avait aussi mis en garde, dardant sur l'édile, qu'elle ne portait pas dans son cœur depuis qu'il lui avait remis l'acte respectueux de Frédéric, un regard impérieux: par ses trafics de boissons alcoolisées, la famille Justin contribuait au délabrement de l'esprit public, à cette fainéantise générale qui menaçait la prospérité du village. Elle n'hésiterait pas, s'il le fallait, à en avertir les plus hautes autorités, y compris le préfet, qu'elle avait eu l'occasion de rencontrer quand elle habitait Charleville. Si, en tant que femme, elle n'avait pas le droit de voter, elle serait vigilante à ce que ses intérêts fussent pris en considération.

Le maire, évidemment, pouvait difficilement lui donner raison. Impossible néanmoins de ne pas tenir compte de ses doléances, elle, la propriétaire la plus riche de la commune. Il prit donc cet arrêté, mi-figue mi-raisin:

« Le bal se tiendra sur la place ordinaire, c'est-à-dire sur l'emplacement en face des maisons appartenant à M. Émile Fricoteaux et à Mme veuve Rimbaud. Il ne pourra en aucun cas être dérogé aux dispositions du présent article. Toutefois, en cas de désordres, soit dans les cabarets, soit sur le bal, M. l'adjoint voudra bien faire évacuer les rues, prescrire la fermeture des cabarets aux heures ordinaires, en un mot, prendre telle mesure d'ordre qu'il jugera à propos. »

Charleville-Mézières et Frédéric Rimbaud ont au moins un point commun : une mauvaise réputation. Dans les classements des villes où « il fait bon vivre », la capitale des Ardennes arrive régulièrement dans les dernières positions. Depuis 1975, elle a perdu un quart de ses habitants, et son taux de chômage est un des plus élevés en France.

Dans mon esprit, le nom de Charleville-Mézières était attaché de façon un peu vague au folklore de la IIIe République : les fanfares, les kiosques à musique, l'instituteur dreyfusard et patriote. De la ville, je n'avais aucune image, aucun souvenir précis : film, chanson, fait divers ayant *défrayé la chronique. Pas de grande bataille, à la différence de Sedan, l'autre ville importante du département. À vrai dire, la seule figure que j'associais à Charleville-Mézières était celle d'Arthur Rimbaud.*

Je m'installai à l'Hôtel de Paris, face à la gare, établissement un peu vieillot, encore dans son jus. Dans la cour, une grande fresque représentant le poète. Une amie qui avait dormi là m'avait raconté avoir senti sa présence dans sa chambre. Les deux premières nuits, donc, à l'heure de m'endormir, je guettai : le fantôme d'Arthur Rimbaud allait-il venir m'avouer pourquoi il s'était éloigné de son frère ? Malheureusement, aucune ombre près de moi, aucune silhouette prête à me confier ses secrets.

C'était la mi-novembre, il faisait humide, mais pas très froid. J'étais étonné par la beauté des immeubles, des hôtels particuliers, l'élégance des architectures. Le soir cependant, aucune lumière aux fenêtres : on eût dit que personne n'habitait là. Sur la place Ducale, copie de la place des Vosges, à Paris, le même sentiment de vide, aussi bien à déjeuner qu'à l'heure de la fermeture des magasins. Un manège magnifique mais peu d'enfants. Le calme inquiétant des rues à la nuit tombée. Quelques ombres esseulées, un silence résigné.

Où se cachaient les habitants ? Les étudiants ? À l'angle de la rue Forest, le café de l'Univers, où Rimbaud allait boire des verres d'absinthe, n'avait plus rien de l'opulente brasserie que l'on devinait sur les photos en noir et blanc accrochées au-dessus du comptoir.

Elle avait pourtant été prospère, cette ville, profitant de la révolution industrielle, de l'arrivée des chemins de fer (les premières liaisons avec Paris dataient de 1858), du foisonnement d'établissements dans la fonderie, la clouterie, la verrerie, la tannerie, la ferronnerie.

Mais elle était vide à présent, irrémédiablement vide, semblait-il, comme ces dizaines d'agglomérations en France, aux centres-villes dépeuplés.

« La ville se meurt, me dit un soir le patron

de l'hôtel. Le maire fait ce qu'il peut, mais nos enfants, on les poussera à s'en aller. »

Difficile, ici, d'échapper au souvenir d'Arthur Rimbaud : son visage romantique domine le hall de la gare, s'affiche sur les murs de la ville. La médiathèque porte le nom d'un de ses poèmes les plus célèbres, « Voyelles », et le Vieux Moulin a été transformé en musée dédié à sa gloire. Une plaque a été posée devant l'immeuble où il est né, et l'appartement familial du quai de la Madeleine – devenu depuis le quai Arthur-Rimbaud –, a également été aménagé en musée (La Maison des Ailleurs). On peut ainsi visiter au premier étage la chambre des frères Rimbaud. Dans la courette, la municipalité a ouvert une résidence d'écriture où je fus admis à m'installer. Mais pas plus qu'à mon hôtel je ne sentis de présence particulière, ni d'Arthur ni de Frédéric.

*

Mon enquête avançait, et pour la première fois, j'eus le sentiment d'être le dépositaire d'une histoire qui me dépassait, petite pierre à ce mythe écrasant : Arthur Rimbaud.

Je passais mes journées aux archives : les départementales, près de la préfecture, la médiathèque, sur l'ancienne place du Sépulcre. Zones silencieuses, coupées du monde, monastères laïques peuplés d'érudits ou d'anonymes remontant la trace de leurs ancêtres.

Un grand nombre de sources avaient malheureusement été détruites par les bombardements allemands. Sur Frédéric Rimbaud et sa famille, je trouvai quelques éléments dans les registres d'état civil, la presse locale, les hypothèques, ou à l'étude notariale d'Attigny. Grâce aux archives de Suzanne Briet, je pus m'imprégner de l'atmosphère de Roche, fief de la famille Rimbaud. Décédée en 1989, cette bibliothécaire avait recueilli les confidences d'Émilie, la fille de Frédéric. Rangées dans de grosses boîtes au service patrimoine de la médiathèque, ces centaines de feuilles manuscrites n'avaient pas encore été classées lors de ma venue. Je fus un des premiers à les consulter.

Le personnage de l'autre Rimbaud se dévoilait et je commençais enfin à le visualiser, à le sentir, être de chair et de sang. Ce « raté » me fascinait et me repoussait à la fois. Il faisait surgir des souvenirs pas toujours heureux. Ma hantise depuis l'enfance de faire les mauvais choix, de prendre les mauvaises directions. Bref, d'être un « raté ».

Pour ma mère, être un « raté » avait un sens très concret : c'était, et elle le répétait suffisamment, « finir en bas de l'échelle sociale ». Une voyante lui avait prédit que c'était le sort qui m'attendait.

La relation entre Frédéric et sa mère évoquait celle que j'avais eue avec la mienne, faite d'espoirs déçus, d'incompréhensions, de pardons jamais accordés. Comme mon héros, je n'avais pas eu de père, et je m'étais battu avec une mère autoritaire, une rentière, qui, si elle en avait eu le pouvoir, m'aurait probablement interdit, à l'instar de Vitalie Rimbaud, d'épouser une femme de « basse extraction ».

Il y avait cependant une grande différence entre Frédéric et moi : je n'avais pas eu de frère. Qu'en aurait-il été si celui-ci avait raflé tous les premiers prix au lycée ? S'il était devenu une figure du génie universel, au même titre que Mozart ou Vinci ? Je dus admettre que mon sort fut incomparablement moins atroce que celui de mon personnage.

Traître

P aul Verlaine s'était installé dans le pays.
Frédéric l'avait su en découvrant, à la fin de
l'année 1882, une série d'articles qu'il avait fait
paraître dans *Le Courrier des Ardennes*, sorte
de balade bucolique à travers les petites villes
du val de l'Aisne : Rethel, Neuflize, Alincourt,
Vouziers, Attigny. L'aîné des Rimbaud avait
connu Verlaine une douzaine d'années plus tôt,
à Paris. Inséparables, Arthur et lui s'affichaient
alors dans les théâtres, les cafés, les cabarets, dédai-
gneux des cancans qui pullulaient sur leur compte.
Curieusement, il avait semblé à Frédéric que la
mère ne fût pas hostile à cette liaison, probablement parce qu'elle se doutait qu'elle n'avait aucun

avenir. À ses yeux de mère abusive, mieux valait encore pour Arthur un amant qu'une rivale. Un Verlaine qu'une Blanche Justin.

Depuis que le poète avait tiré sur son frère, Frédéric n'avait plus entendu parler de lui. Il savait, et c'était tout, qu'il avait purgé une peine de prison. Il avait gardé le souvenir d'un type un peu braque, généreux, et en même temps de la plus grande impolitesse, capable de colères effrayantes, qui avait déjà, disait-on, voulu assassiner sa mère, étrangler sa femme, et même tuer son fils, qu'il avait jeté contre un mur alors qu'il avait six mois.

Mais l'histoire des fœtus, que lui avait racontée son copain du collège, Ernest Delahaye, était la plus saisissante. Longtemps, à son grand désespoir, la mère de Verlaine n'avait pas pu avoir d'enfants. Chose étrange, après chaque fausse couche, elle conservait son fœtus, qu'elle plongeait dans un bocal rempli d'alcool. Des années durant, dans une armoire, trois récipients furent ainsi alignés côte à côte qu'Élisa Verlaine se plaisait à montrer à ses invités, mais aussi au petit Paul. Quelle impression lui firent-ils, ces trois « aînés » qui n'avaient pas eu la chance de voir le jour ? De jalouser sa bonne fortune ? Lui firent-ils sentir, à cet enfant, qu'il lui revenait dorénavant de porter sur ses frêles épaules leurs destinées inaccomplies ? Devenu adulte, le poète, qui pouvait aisément passer de l'ivresse à la démence, s'était, un soir de beuverie, emparé du sabre de son père, lui aussi capitaine, et, pris d'une fureur terrible, avait brisé les bocaux. L'image des fœtus trempés d'alcool, gisant sur le parquet, yeux mi-clos, avait longtemps épouvanté Frédéric.

Quand il apprit que Verlaine s'était installé à Coulommes, à seulement trois kilomètres de Roche, Frédéric fut donc curieux d'aller lui rendre visite. Le nom de Verlaine était devenu célèbre dans les environs. Oh, pas grâce à ses poèmes, que personne ici ne connaissait. Mais à ses frasques, à ses soirées à écumer les auberges, à régaler le moindre étranger qui venait à lui. On le voyait attablé avec des mendiants, des rouliers. Et il était fréquent qu'on le trouvât ivre mort, près de son tilbury, ronflant dans un fossé, de la bouc dans sa barbe.

Les villageois moquaient ses costumes anglais, son long pardessus, son chapeau bossué. Les enfants l'avaient surnommé « l'enculé de Coulommes » et allaient jeter des cailloux sur les carreaux de sa maison, à l'entrée du village. Sur lui couraient des légendes abracadabrantesques : ses malles gigantesques auraient dissimulé de la poudre d'or et des diamants... Il aurait donné une fortune à un bohémien pour s'acheter un manège de chevaux de bois...

Racontars de village.

Le poète vivait en réalité avec sa mère. Dévasté par la mort de Lucien Létinois, son protégé, celui qu'il avait considéré un temps comme son fils adoptif, un de ses anciens élèves au collège Notre-Dame de Rethel. Verlaine avait enseigné là après son séjour en prison. Par la suite, n'ayant pas été reconduit, il s'était associé avec Létinois, investissant trente mille francs – donnés par sa mère – dans une exploitation agricole à Juniville. Deux ans avaient suffi aux apprentis fermiers pour faire faillite. Après le décès de Lucien, victime de la fièvre typhoïde, Verlaine avait acquis, toujours grâce à l'argent de sa mère, la ferme des parents Létinois à Coulommes.

Quand Frédéric alla le voir la première fois, Verlaine était alité. Teint livide, paupières gonflées, énorme moustache grise qui lui mangeait les mandibules, collée à une barbe foutraque et non moins épaisse. Et toujours cette physionomie si singulière, ce crâne gigantesque, ce regard de fou, assortiment de traits qui faisait penser aux visages mongols. Sa mère le soignait, le forçant à avaler d'énormes morceaux de sucre candi, si énormes que plusieurs fois il manqua de s'étrangler.

Malgré les années, Verlaine avait conservé d'Arthur une vive impression. Il venait d'ailleurs de publier un petit ouvrage dans lequel il rendait hommage à son ancien compagnon, ainsi qu'à deux autres écrivains, Stéphane Mallarmé et Tristan Corbière.

Il l'avait intitulé *Les Poètes maudits*.

À Frédéric, il offrit un exemplaire, après lui en avoir lu les premières lignes :

« Nous avons eu l'honneur de connaître M. Arthur

Rimbaud. Aujourd'hui des choses nous séparent de lui sans que, bien entendu, notre très profonde admiration ait jamais manqué à son génie. »

Verlaine posa une foule de questions sur Arthur : les pays où il voyageait, les gens qu'il fréquentait, s'il écrivait encore. Frédéric répondit du mieux qu'il put. Surtout, il ne cacha rien de sa propre situation, son projet de mariage, ses procès perdus : il se sentait trahi par Arthur, dit-il, abandonné par ce frère au moment où il aurait eu tant besoin de lui. Arthur était devenu un marchand, un sans-cœur, toujours à pleurer sur son sort, à quémander de l'argent, mais incapable de la moindre compassion pour les siens. D'ailleurs, à lui, Frédéric, qui n'avait pas un centime en poche, il n'avait pas envoyé une seule lettre, un seul mot depuis son départ.

Verlaine écouta attentivement, hochant la tête. Il n'eut pas l'air surpris. Lui aussi se montrait dépité de l'évolution d'Arthur.

« J'avais bien prévu que ça finirait comme ça ! Quand on prend la grossièreté pour la force, la méchanceté pour la politique, on n'est, au fond, qu'un mufle, un crasseux, qui sera un vilain bourgeois bien vulgaire à trente ans. Nous y sommes. »

Il l'avait pourtant aimé, disait-il, ce poète génial et désespéré, et Frédéric n'avait pas osé demander ce qu'il entendait par « aimer » (que deux hommes pussent s'embrasser, se toucher, il trouvait ça dégoûtant).

Verlaine s'était levé. Parler d'Arthur l'avait revigoré.

« Ton frère m'a rendu fou », dit-il en fouillant dans un petit meuble en bois, sous son bureau, où étaient conservées un tas d'enveloppes décachetées. Terrassé par une quinte de toux tandis qu'il se relevait, Verlaine expliqua, en s'y reprenant à plusieurs fois, que l'essentiel de sa correspondance avec Arthur avait été volé par sa « salope de femme ».

« J'étais dans un tel état, dit-il, j'avais même supplié ta mère de m'aider. »

Et devant l'air effaré de Frédéric, Verlaine poursuivit :

« Eh bien, elle m'avait répondu ! C'est sa lettre, tu peux la lire si tu veux. »

Frédéric prit l'enveloppe, à la fois gêné et intrigué, et en sortit une feuille pliée en quatre. Il reconnut l'écriture de la mère, droite et régulière. Le courrier était daté du 6 juillet 1873.

« Monsieur,
Au moment où je vous écris, j'espère que le calme et la réflexion sont revenus dans votre esprit. Vous tuer, malheureux ! Se tuer quand on est accablé par le malheur est une lâcheté, se tuer quand on a une sainte et tendre mère qui donnerait sa vie pour vous, qui mourrait de votre mort, et quand on est père d'un petit être qui vous tend les bras aujourd'hui, qui vous sourira demain et qui un jour aura besoin de votre appui, de vos conseils ; se tuer dans de telles conditions est une infamie : le monde méprise celui qui meurt ainsi, et Dieu lui-même ne peut lui pardonner un si grand crime et le rejette de son sein. Monsieur, j'ignore quelles sont vos disgrâces avec Arthur mais j'ai toujours prévu que le dénouement de votre liaison ne devait pas être heureux. Pourquoi, me demanderez-vous ? Parce que ce qui n'est pas autorisé, approuvé par de bons

et honnêtes parents ne doit pas être heureux pour les enfants. Vous, jeunes gens, vous riez et vous vous moquez de tout, mais il n'est pas moins vrai que nous avons l'expérience pour nous, et chaque fois que vous ne suivrez pas nos conseils vous serez malheureux. Vous voyez que je ne vous flatte pas, je ne flatte jamais ceux que j'aime. Vous vous plaignez de votre vie malheureuse, pauvre enfant! (...)

Et moi aussi j'ai été bien malheureuse, j'ai bien souffert, bien pleuré, et j'ai su faire tourner toutes mes afflictions à mon profit. Dieu m'a donné un cœur fort, rempli de courage et d'énergie, j'ai lutté contre toutes les adversités, et puis j'ai réfléchi, j'ai regardé autour de moi et je me suis convaincue, mais bien convaincue, que chacun de nous a au cœur une plaie plus ou moins profonde; ma plaie, à moi, me paraissait beaucoup plus profonde que celle des autres et c'est tout naturel, je sentais mon mal et ne sentais pas celui des autres. C'est alors que je me suis dit (et je vois tous les jours que j'ai raison): le vrai bonheur consiste dans l'accomplissement de tous ses devoirs, si pénibles qu'ils soient. Faites comme moi, cher monsieur, soyez fort et courageux contre toutes les afflictions, chassez de votre cœur toutes les mauvaises pensées, luttez, luttez sans relâche contre ce qu'on appelle l'injustice du sort, et vous verrez que le malheur se lassera de vous poursuivre, vous redeviendrez heureux. Il faut aussi travailler beaucoup, donner un but à votre vie, vous aurez sans doute encore bien des jours mauvais ; mais quelle que soit la méchanceté des hommes, ne désespérez jamais de Dieu, lui seul console et guérit, croyez-moi. Madame votre mère me ferait grand plaisir en m'écrivant.

Je vous serre la main, et ne vous dis pas adieu ; j'espère bien vous voir un jour.

V. Rimbaud »

Frédéric s'était assis sur un tabouret, près du lit. Son cœur avait battu si vite qu'à plusieurs passages il avait dû s'arrêter, distinguer les mots, comprendre le sens de ce qu'il était en train de lire. Était-il possible que la mère, cette femme qui le traînait devant les tribunaux, qui l'insultait en public, eût été capable d'écrire ces lignes ? Était-ce une seule et même personne, celle qui, pour Arthur et son compagnon, s'était montrée si bienveillante, et celle qui à présent le tourmentait ? Douze ans séparaient ces deux femmes. Entre-temps, il y avait eu la mort de Vitalie. Mais c'était plus que ça : jamais la mère ne lui avait parlé de cette façon, et Frédéric prit conscience ce jour-là combien elle avait aimé son frère plus que lui. La « plaie profonde » qu'elle évoquait, Frédéric la ressentait à son tour. Sa punition, pour avoir voulu faire honneur à ce père qui les avait abandonnés. Il était le traître, celui qui avait pris le parti de l'ennemi, quand Arthur, après quelques velléités contestataires, s'était rangé sous la loi maternelle.

Frédéric se retenait pour ne pas pleurer ici, dans la maison d'un étranger. Il voulait être seul, jouir de sa tristesse, croyant à tort qu'elle le rendrait plus fort.

« Lutter sans relâche contre l'injustice du sort », écrivait la veuve Rimbaud. C'était bien ce qu'il faisait pourtant. Se libérer du joug de cette femme. L'affronter.

Tuer la mère.

*

Frédéric Rimbaud et Paul Verlaine s'étaient retrouvés dans les quelques lieux animés de la région : le café Goury à Rethel, l'auberge du Lion d'or à Juniville, le café du Bardo ou le Canon Pacifique à Attigny. Frédéric fut d'abord désarçonné par le poète, sa façon alambiquée de s'exprimer, son aisance avec les mots, des mots qu'il ne connaissait pas toujours. Tôt ou tard, Verlaine finissait par lui parler d'Arthur, du jeune homme qu'il avait connu, cynique et fascinant, de « la flamme cruelle de ses yeux d'archange damné ». Dévoilant les détails de leur « vie absurde et honteuse » : leur ivrognerie, leurs querelles, les coups de revolver, son humiliation quand on l'avait soumis à un examen médical afin de déterminer si Arthur et lui avaient eu des « activités pédérastiques ». À son ancien compagnon, il reprochait la « grossière impolitesse », le « féroce égoïsme ». Un enfant qu'il avait trop gâté, disait-il, et qui l'avait payé de « la plus stupide ingratitude ». Pour pouvoir vivre avec Arthur, Verlaine affirmait avoir tout sacrifié : son ménage, l'éducation de son fils, sa fortune.

Ce qu'il racontait était si extraordinaire que Frédéric, plusieurs fois, se demanda s'il disait vrai.

À Paris, prétendait Verlaine, Arthur avait été expulsé de tous les logements qu'on lui avait prêtés, à cause des scandales provoqués : ainsi était-il apparu nu, à la fenêtre d'une mansarde que lui avait procurée le poète Théodore de Banville, hurlant et jetant dans la cour ses vieux habits sales. Ainsi avait-il brisé la porcelaine et vendu tous les meubles de cette même mansarde. Ainsi avait-il blessé d'un coup de canne-épée, lors d'un dîner, le photographe Étienne Carjat ; ou menacé avec un couteau le meilleur ami de Verlaine, le journaliste Edmond Lepelletier.

À Londres, disait-il, Arthur avait préféré vivre à ses dépens plutôt que de « s'abaisser » à chercher un travail. Sa morgue, son agressivité, avaient choqué les exilés français.

Et quand Verlaine était sorti de prison, après dix-huit mois d'incarcération, Arthur avait essayé de lui extorquer de l'argent... Des menaces de chantage, oui.

Frédéric soupçonnait bien la nature des relations entre Verlaine et Arthur. Mais pas un instant il n'avait imaginé que son frère eût pu se conduire de la sorte. Ce modèle de probité, de rigueur morale, ce travailleur austère, ce négociant avisé, que la mère appelait au secours dans ses lettres, voilà donc de quoi il avait été capable !

Imposture !

Et l'autre Rimbaud sentit la colère l'envahir. Cette femme, qui, depuis des mois, lui faisait la vie impossible parce qu'il voulait se marier – et quoi de plus naturel ? –, ne jurait que par un maître-chanteur, un giton à la petite semaine, un profiteur ! Ah, il faudrait bien qu'il eût avec elle une explication ! Car Verlaine était formel : elle n'ignorait rien, la mère, de ce qu'il s'était passé. Des lettres anonymes lui avaient été adressées, très précises.

Oh oui, Frédéric n'allait pas manquer une occasion pareille, la confondre enfin, cette mère fausse, hypocrite, qui lui laissait le choix entre l'asservissement et la répudiation. Au désamour, qu'il pressentait depuis toujours, s'ajoutait à présent le sentiment d'injustice, celui qui justifiait toutes les fureurs, toutes les révoltes.

*

Les saloperies rapportées par Verlaine, Frédéric les avaient jetées à la figure de la mère. Il s'était emporté, il avait hurlé, cogné, la table, le mur, les étagères; le rouet en noyer était tombé, les livres avaient volé, et les bûches! et la photo encadrée de sa première communion avec Arthur! et même le crucifix! Isabelle était pieds nus, elle criait, effrayée de se couper sur des morceaux de verre, mais il s'en fichait bien, maintenant, de cette petite sœur fourbe et mesquine.

« Pas étonnant que le père ait foutu le camp à ta naissance, il t'a trouvée si laide! »

La mère, elle, ne s'était pas déballonnée. Elle avait tenu tête, avec sa voix de crécelle et son regard, tranchant comme une lame.

« Je te demande de te calmer, Frédéric. »

C'était un ordre, mais c'en était fini désormais, il avait passé l'âge, les ordres, les chantages, l'argent qu'on te donnera, seulement si tu fais ceci ou cela, les vexations, le dénigrement. Il se marierait avec Blanche, qu'elle le voulût ou non, et elle pouvait bien aller au diable si elle continuait à se mettre en travers de sa route ! Ah, ça, non, plus jamais il voudrait la voir, seulement sur son lit de mort, et encore ! elle aurait beau supplier, qu'elle crève, la carne ! qu'elle étouffe avec sa terre ! Il se demandait bien comment elle l'avait pêché, son capitaine, on avait dû le payer, pas possible autrement, elle avait eu de la veine, pas longtemps, il avait vite compris, lui, il avait mis les voiles, comment la supporter ? et cette voix affreuse, cette voix de cauchemars, toujours commander, diriger... C'était pas à la femme de faire ça ! le capitaine, il s'était pas laissé entortiller, quand il disait non, c'était non ! c'était ça, être un homme, et lui, Frédéric Rimbaud, il allait occuper la place, et avec Blanche, ça irait tout seul, parce qu'elle l'aimait, elle l'admirait, elle lui disait qu'il était beau, qu'il avait de la cervelle, et grâce à elle, il savait maintenant que c'était vrai...

Et Frédéric était parti après avoir donné un

(dernier) coup de pied rageur dans un livre qui traînait par terre.

C'était un exemplaire d'*Une saison en enfer*.

La mère avait tout de suite prévenu Arthur : son frère parlait à tout-va... des choses horribles ! sa vie à Paris ! sa relation avec Verlaine !

Était-elle vraiment mécontente ? Quelle aubaine ! Rallier Arthur à sa cause ! Resserrer les rangs autour d'elle !

Forte de sa nouvelle autorité, dans ce conflit qui, disait-elle, menaçait l'avenir du domaine, elle demanda à Arthur de ne pas écrire à Frédéric. Et surtout, surtout ! de ne pas lui envoyer d'argent. À cet ingrat, à ce raté, il fallait couper les vivres, de tous les côtés ! L'asphyxier financièrement afin qu'il cessât cette procédure, et que jamais ce mariage ne fût contracté.

Arthur répondit immédiatement.

« Vos nouvelles m'attristent, ce que vous me racontez de Frédéric est très ennuyeux et peut nous porter grand préjudice à nous autres. Ça me gênerait assez, par exemple, que l'on sache que j'ai un pareil oiseau pour frère. Ça ne m'étonne d'ailleurs pas de ce Frédéric : c'est un parfait idiot, nous l'avons toujours su, et nous admirions toujours la dureté de sa caboche.

Vous n'avez pas besoin de me dire de ne pas engager de correspondance avec lui. Quant à lui donner quelque chose, ce que je gagne est trop péniblement amassé pour que j'en fasse cadeau à un Bédouin de ce genre qui matériellement est moins fatigué que moi, j'en suis sûr. Enfin, j'espère cependant pour vous et pour moi qu'il finira par cesser cette comédie.

Quant à exercer sa langue sur mon compte, ma conduite est connue ici comme ailleurs. Je puis vous envoyer le témoignage de satisfaction exceptionnel que la Compagnie Mazeran liquidée m'a accordé pour quatre années de service de 1880 à 84 et j'ai une très bonne réputation ici qui me permettra de gagner ma vie convenablement. Si j'ai eu des moments malheureux auparavant, je n'ai jamais cherché à vivre aux dépens des gens ni au moyen du mal. »

Dans le cœur de la mère, la réponse d'Arthur fit mouche. Elle fut touchée par son sens des responsabilités, émue par sa sagesse. Malgré leur éloignement, les malentendus, ces quatre années sans se voir, Arthur et elle avaient fini par se rejoindre, faisant corps désormais contre Frédéric, paria de la famille.

*

Frédéric Rimbaud et Paul Verlaine s'étaient trouvé un autre point commun, peu ordinaire celui-là. L'un et l'autre étaient en effet, et au même moment, en procès contre leur mère. Qui plus est, leur sort reposait entre les mains de la même juridiction, le tribunal de Vouziers.

Frédéric, on le sait, bataillait pour faire valider son projet de mariage avec Blanche Justin.

Qu'en était-il de Verlaine ?

À la différence de la veuve Rimbaud, Élisa Verlaine passait beaucoup de choses à son fils : les coups de folie, les caprices, les dépenses inconsidérées. À Bruxelles, quand il avait tiré sur Arthur, elle était déjà là, dans la chambre d'à côté, elle avait d'ailleurs témoigné, évoquant « le caractère acariâtre et méchant » de la victime, qui, disait-elle, vivait aux crochets de son fils. Depuis, elle s'empressait de satisfaire chacun des engouements de Paul, la ferme de Juniville, et maintenant cette maison à Coulommes, achetée aux parents de Lucien Létinois.

Et la mère et le fils vivaient ainsi, partageant le même toit, la première supportant chaque jour les emportements du second, ses accès d'exaltation, ses crises de nerfs. Toujours, il réclamait de l'argent, pour s'offrir du vin, des liqueurs, du rhum. Les voisins disaient entendre des cris, des hurlements. Certains prétendaient qu'il la frappait.

À côté de leur maison, il y avait une épicerie, tenue par un couple de Belges, les Dave. Chez eux, la mère Verlaine allait parfois se réfugier quand le fils, ivre, se mettait à tout casser. Un jour de février 1885, tandis qu'il revenait de Paris et qu'il n'avait pas dessaoulé, Verlaine se précipita dans l'échoppe, y trouva sa mère, la saisit par le col et lui gueula à la figure :

« Si tu ne rentres pas chez nous, je te tue ! »

On le jeta dehors. L'esprit dérangé, il se rendit au tribunal de Vouziers et déposa plainte pour « séquestration ». Les Dave ne se laissèrent pas impressionner. Ils accusèrent Verlaine de « violences » et de « menaces de mort ». Et surtout, ils réussirent à convaincre Élisa Verlaine de poursuivre son fils en justice.

Paul Verlaine fut cité à comparaître devant le tribunal de Vouziers, le mardi 24 mars 1885. Salle d'audience bondée. Plus tard, l'accusé raconta la scène :

« J'étais une espèce de monsieur dans la région, en outre d'une réputation assez détestable que j'y avais : un Gilles de Rais mâtiné de plusieurs Edgar Poe qui auraient compliqué leur rhum et leur cas d'absinthe et de Picon : tel moi dans l'imagination de passablement de mes voisins de campagne accourus à la ville pour voir juger "le Parisien". »

Le procureur décrivit le poète comme « le plus infâme des hommes », « le fléau du pays, venu pour déshonorer nos campagnes ».

Cependant, grâce au témoignage de sa mère, qui entre-temps s'était rétractée, Verlaine écopa d'une peine assez légère : un mois de prison et une amende de cinq cents francs. Peine qu'il exécuta du 13 avril au 13 mai 1885 à la maison d'arrêt de Vouziers, sorte de pension de famille où, chargé du ménage, il jouait au bouchon avec le gardien chef.

Un mois plus tard, après avoir vendu la maison de Coulommes, Paul Verlaine quitta les Ardennes. Il n'y mit plus jamais les pieds.

*

Ce vendredi 10 juillet 1885, peu avant dix heures, Frédéric Rimbaud pénétra, un peu impressionné, dans l'hôtel de Beauvau-Craon qui abritait la cour d'appel de Nancy. Il était accompagné de ses deux avocats, Théophile Lambert et Étienne Gircourt, quinquagénaire vétilleux et hâbleur. Un court instant, il lui sembla être un monsieur important, de ceux qu'on voyait dans les grandes villes, autour desquels s'agitait une foule de serviteurs zélés.

Il n'en était rien, bien entendu, et un coup d'œil à sa tenue suffisait à s'en rendre compte. Des pieds à la tête : de gros souliers ferrés, un pantalon en toile froissée, une chemise blanche à col dur, un gilet trop étroit boutonné jusqu'au cou (Frédéric avait encore forci).

Peu importait. Ses avocats étaient enthousiastes.

« C'est une affaire magnifique, une affaire qui fera jurisprudence ! s'était exclamé Gircourt la veille au soir, au restaurant où il l'avait emmené près de la porte Saint-Georges. Une mère qui, trois fois de suite, refuse que son fils se marie, on n'a jamais vu ça ! »

Frédéric avait souri, gêné. Il n'avait pas osé répondre qu'il ne savait pas ce que c'était, une jurisprudence. Ce qu'il savait en revanche, c'est qu'on ne lui avait pas fait payer les honoraires en vigueur. Gircourt avait dit qu'il se rétribuerait sur la « condamnation de la partie adverse ». Frédéric l'avait trouvé bien sûr de lui.

Blanche allait accoucher dans quelques semaines. Cet enfant aurait-il un père, une famille, ou bien serait-il un bâtard, né et élevé hors mariage ? Sur la place Stanislas, tôt ce matin, Frédéric avait aperçu la mère et la sœur, une ombrelle à la main, chacune dans une robe noire avec, sur les épaules, un châle rouge. Malgré l'ardeur de ses avocats à le défendre, malgré leurs certitudes, leurs arguments, auxquels d'ailleurs il ne comprenait pas grand-chose, il se sentait déjà condamné. Un Frédéric Rimbaud ne pouvait pas gagner. Il était voué à s'incliner, à laisser la place aux autres, les galons, les beaux métiers, les belles situations. Depuis toujours, à l'école, à l'armée, dans sa famille, ça s'était passé ainsi. Pourquoi cela changerait-il à présent ? Il le savait bien, Frédéric, que, face à la toute-puissance de la mère, il n'avait aucune chance. Ce n'était pas une histoire de droit ou d'il ne savait quelle jurisprudence. C'était une loi naturelle, une fatalité. S'il avait fait appel, c'était par orgueil, pour ne pas décevoir Blanche. Et tandis qu'il observait distraitement, dans la douceur de ce matin calme, les fontaines et les grilles dorées, il comprit que ces mots qu'il espérait depuis des mois – « la cour donne raison à monsieur Frédéric Rimbaud » –, il ne les entendrait pas. Ça n'avait rien de rationnel, c'était ainsi. Chez les Cuif, la mère finissait nécessairement par triompher. Contre ses frères, contre son époux, contre ses fils.

Frappante, sur Frédéric, la vision de cette salle d'audience : les bancs presque vides, les mots chuchotés, la cordialité entre des avocats qui pourtant s'opposaient. On eût dit que toutes ces robes noires se connaissaient, qu'elles se fréquentaient en dehors de la cour, et sans doute que certains soirs, il devait arriver qu'elles partageassent la même table. Quelques rires, vite étouffés, quand le président exposa les faits (les visites des notaires chez la veuve Rimbaud amusèrent beaucoup l'assistance). Gircourt se tourna vers son client et lui fit un clin d'œil. Frédéric, lui, observait la mère et la sœur, raides et impassibles. Par une sorte de réflexe, il se redressa.

*

« Il est impossible d'admettre que tout mode de remise de l'acte respectueux soit supprimé quand

la copie n'a pu en être signifiée à la personne même de l'ascendant et dès lors qu'il en faut un, celui de l'article 68 du Code de procédure civile, doit être regardé comme le seul légal. »

Charabia... Il lui semblait que cette affaire ne le concernait pas. Que tous ces gens s'entretenaient d'un autre Frédéric Rimbaud. Son histoire était tellement plus simple : il avait trente et un ans et il aurait voulu à présent se marier et fonder une famille avec la femme qu'il aimait. Mais au mépris des lois, sa mère avait juré de tout faire pour l'en empêcher. Qu'ajouter d'autre ?

« *Que l'exécution d'un jugement comportant acquiescement suppose un acte accompli en conformité du jugement, comme le paiement des frais, objet d'une condamnation, ou l'accomplissement d'un fait prescrit par le juge.* »

Les tours de garde, la nuit, le ciel immense, les milliers d'étoiles... Un ciel pareil, était-ce seulement imaginable ? Et ces types qu'il avait accablés devant le conseil de guerre, à Blida, ces types qui avaient juré de lui faire la peau, à lui, le chaouch. Arthur Larquet, le tatoué, un Ardennais; Maurice Cadenat, gueule d'assassin, sa voix de rogomme qui lui sifflait maintenant aux oreilles, là, dans cette salle d'audience: « Quand je m'en irai d'ici, je viendrai chez toi, Rimbaud, te massacrer devant tes gosses, je te retrouverai, Rimbaud! »

Frédéric sursauta. Il avait ronflé. On se tourna vers lui, il y eut des rires. Il s'excusa en bredouillant, puis baissa la tête.

Ce qu'il eût donné, bon Dieu, pour être ailleurs!

*

Le lendemain, le samedi 11 juillet 1885, fut le jour de gloire de la vie de Frédéric Rimbaud.

La cour d'appel de Nancy lui donna raison sur tous les points. Elle proclama la liberté du mariage, retoquant les nullités soulevées par la mère.

Sonné, Frédéric ne ressentit presque aucune joie.

Il allait donc pouvoir se marier... Il avait vaincu, et quelle bataille! Lui, le bon à rien de la famille, il les avait mis à terre, tous. Il ne put s'empêcher de se retourner, d'avoir un regard pour elles. Mais déjà, la mère et la sœur s'étaient engouffrées vers la sortie, et il discerna uniquement leurs têtes hautes, enveloppées dans un châle rouge. À peine put-il entendre la voix de la mère :

« Ça ne lui portera pas bonheur. »

Vitalie Cuif, veuve Rimbaud, était condamnée à payer tous les frais de justice, deux cent quatre-vingt-huit francs et soixante et un centimes. Étienne Gircourt avait vu juste : il allait rentrer dans ses frais.

Quant à Frédéric, il allait, lui, entrer dans l'histoire du droit : l'arrêt « Rimbaud contre Rimbaud » – presque le titre d'un roman – figurerait désormais dans les revues de jurisprudence.

Le mariage entre Frédéric et Blanche eut lieu un mois plus tard, le mardi 11 août 1885, dans la petite mairie de Chuffilly-Roche. Il n'avait pas été fait de contrat chez un notaire : à quoi bon puisque l'un et l'autre, ils ne possédaient rien ? Ou plutôt, presque rien : aux pieds des parents de la mariée, un couffin. La fille des nouveaux époux s'appelait Émilie, elle n'avait pas trois semaines. Tous les Justin étaient là. De sa nombreuse fratrie, Blanche était la première à se marier. Le maire, Honoré Déa, ne dissimula pas son plaisir de célébrer une union qui mettait en rage l'infernale Mme Rimbaud. Dehors, autour de l'étang, il y eut des tirs de joie, des cris, de longs aboiements.

Parmi les Cuif, en revanche, personne ne s'était déplacé. Pas même un cousin, ceux d'Alland'Huy ou de Chaudion. À la mère et à la sœur, Frédéric avait voulu tendre la main. Un mariage, un enfant, quoi de mieux pour panser les plaies, se rassembler à nouveau? Mais elles ne lui avaient pas ouvert, les deux fois qu'il s'était présenté devant la maison. Heureusement, les copains étaient là: Jean, l'instituteur, Émile et Armand, les domestiques. La veille, ils avaient enterré sa vie de garçon sur ce refrain: « Ne rendez pas les hommes fous/Leur pauvre cœur n'est qu'un joujou/Qui dans vos mains de femme exquise/Tourne chancelle et puis se brise. »

Tout à sa joie de se marier, Frédéric avait rapporté d'Attigny un costume gris avec jaquette, un chapeau en feutre – un gibus – et d'élégantes bottines en cuir. Et comme il avait conservé, malgré un léger embonpoint, une silhouette énergique, vigoureuse, il ressemblait à ces officiers tout juste revenus à la vie civile que l'on voyait parader, poitrail gonflé, les soirs de concert, autour des kiosques à musique. Il s'était laissé pousser les cheveux, et de son couvre-chef s'échappaient quelques mèches blondes et ondulées. Blanche, elle, portait une robe simple, en coton damassé, sans traîne, avec un corsage en pointe, des manches courtes et un décolleté bordé d'une fine mousseline. Et si elle souffrait à cause de la taille trop serrée, impossible d'imaginer qu'elle venait de donner naissance à un enfant.

Ils étaient beaux, tous les deux, leur vie à construire. Ils allaient partir s'installer à Attigny. Frédéric avait trouvé un emploi de cocher à l'Hôtel de la Gare. Après cette odyssée judiciaire, il se sentait comme Ulysse revenu à Ithaque : miraculé. Le curé de l'église Saint-Pierre, à Chuffilly, avait accepté courageusement de bénir leur union. Le plus dur était derrière eux, croyait-il.

Après les cérémonies, sur les coups de midi, un grand banquet fut donné. C'était l'été, il faisait chaud, on se sentait heureux, libre, disposé pour quelques heures à vivre, à s'amuser, à s'enivrer aux senteurs des roses, des géraniums, des œillets, aux parfums des vins de Saint-Lambert et de Voncq. Les filles portaient des couronnes en or, les garçons de beaux habits, il y avait des musiciens, et autour des tables et jusqu'à la tombée de la nuit déroulèrent de longues et bruyantes farandoles.

*

À Roche, la déroute de la mère avait mis les habitants en liesse. Depuis son retour, cette femme à la mine sévère avait tout fait pour qu'on la détestât. Insultant les voisins, s'adressant aux journaliers sur un ton méprisant. Créancière redoutable qui exigeait son dû à l'heure dite. Pas plus tard qu'en avril, elle avait fait expulser une famille de petites gens, les Belhomet, et récupéré leur maison qu'elle avait aussitôt donnée à sa fille.

« Quelle horrible bonne femme ! », entendait-on l'été, quand les tables étaient mises dehors.

Tous se racontaient l'histoire de la source, qui avait fait le tour du pays.

À quelques mètres de la ferme des Cuif, il y avait une source, donc, sur un terrain leur appartenant. L'été, les habitants venaient y chercher de l'eau. Une eau très bonne, très pure, réputée contre les fièvres. Mais un jour, autour de la source, la mère fit bâtir un enclos. Et plus personne n'eut le droit de s'y rendre. Quand le maire était allé la voir pour lui demander des explications, elle n'avait pas cherché d'excuse :

« Je ne veux pas donner à boire à des gens qui ne me plaisent pas. »

*

Un an plus tard, la maison des Justin fut saisie par la justice. Les parents de Blanche ne pouvaient plus rembourser leur emprunt, et leur créancière, Alexisse Petitpas, honorable rentière de quatre-vingts ans, demeurant au Chesne, à une vingtaine de kilomètres, fit valoir ses droits. Les Justin étaient victimes de la crise agricole qui allait durer jusqu'au début du siècle suivant. Le prix du blé s'était effondré, et aux cultivateurs qui ne possédaient que quelques hectares, il devenait impossible de gagner de quoi vivre.

À Roche cependant, les langues se firent suspicieuses : pourquoi donc cette brave octogénaire, dont on ignorait jusqu'alors l'existence, et dont la santé, semblait-il, était des plus précaires, avait-elle soudain songé à réclamer son dû ? Ne lui en aurait-on pas soufflé l'idée ? Naturellement, ce fut aux dames Rimbaud qu'on pensa... La mère, et aussi la fille, qui n'avaient pas digéré l'affront subi devant la cour d'appel de Nancy.

Vengeance ?

Avec ces gens-là, disait-on, le pire était toujours possible.

Le dimanche 17 octobre 1886, les biens des Justin furent mis aux enchères. Un couple d'aubergistes acquit la maison pour une bouchée de pain. Il se murmura, légende villageoise peut-être, que la mère Rimbaud vint les trouver par la suite, leur proposant le double du prix pour, aurait-elle dit, « avoir la joie de raser cette tanière de bêtes sauvages ! ».

Les Justin se dispersèrent dans les villages des environs : à Coulommes, à Quilly, ou dans la Marne, à Pontfaverger. Tous occupèrent des emplois d'ouvriers agricoles, de journaliers, de manœuvres, de domestiques.

Je suis fils unique. Et comme beaucoup d'enfants dans mon cas, j'ai longtemps rêvé d'avoir un frère. Pour moi, un frère, c'était un meilleur copain, un cadeau que les parents faisaient aux enfants pour qu'ils ne s'ennuient pas. Une sorte de jouet, mais en mieux puisqu'il pouvait parler, courir, se bagarrer. Plus tard, à l'adolescence, je regretterais l'absence d'un frère pour tenir tête à ma mère avec qui j'étais entré en conflit. L'absence d'un confident, d'un être à protéger et sur qui m'appuyer. D'un allié, à la vie à la mort. À l'école, je jalousais les fratries, imaginant des secrets indicibles, des liens d'une force que je ne connaîtrais jamais. Je pensais : « Avec un frère, on se sent indestructible.

Pas besoin de mendier des amitiés médiocres. »
Avoir un frère, c'était l'assurance d'une vie plus facile, plus drôle aussi.

À l'âge adulte, je découvris une réalité plus complexe. Journaliste, j'eus à m'intéresser à plusieurs batailles d'héritage extrêmement virulentes. Toujours, il y avait ce mystère : comment deux êtres unis par une enfance commune – avec ce qu'elle charriait de souvenirs heureux – pouvaient-ils en venir à se haïr ? Était-ce uniquement la jalousie, la préférence des parents pour l'un ou pour l'autre, qui déterminait, des années plus tard, une telle fureur ?

Combien de mythologies fondées sur un combat fratricide (Étéocle et Polynice, les fils d'Œdipe), ou sur le meurtre d'un frère ? Après avoir refusé son offrande et accepté celle d'Abel, Dieu dit à Caïn : « Le péché est tapi à ta porte comme une bête qui te convoite, mais toi, domine-le. » Cependant Caïn échoue, la jalousie le dévore, il entraîne Abel dans un champ et le tue.

Entre les jumeaux Romulus et Remus, une rivalité – qui allait donner son nom à la nouvelle cité ? – provoqua le meurtre du second par le premier. La volonté de puissance de Romulus s'exerça contre l'être qui lui fut le plus cher, son frère, son double.

Pour mieux comprendre, j'interrogeai parmi mes amis ceux qui avaient des frères. Je fus surpris de leur froideur : avec les années, les frères en question étaient presque devenus des étrangers. Et s'ils les voyaient encore, ils ne partageaient plus grand-chose avec eux. Plusieurs ont d'ailleurs eu cette phrase : « Mon frère, je ne l'aurais pas choisi comme ami. »

Chez les frères Rimbaud, ce qui me surprenait, c'était le contraste entre leur proximité durant l'enfance et leur indifférence à l'âge adulte. Entre eux, point de violence, de meurtre. Furent-ils rivaux, adversaires, ennemis ? Rien ne l'indique, les deux ayant choisi des chemins différents. Des jalousies ? Sans doute, mais pas plus que dans n'importe quelle fratrie. Et pourtant, dans cette histoire, il y eut bel et bien un bon fils, sanctifié par sa famille

(Arthur), et un mauvais fils, sacrifié, puis dépossédé (Frédéric). Arthur n'a pas tué Frédéric. Mais son désintérêt, son mépris, ont contribué à son bannissement.

*

Dans l'œuvre d'Arthur Rimbaud, on trouve peu d'allusions au thème de la fraternité. Peut-être faut-il relever, toutefois, ces quelques lignes dans Les Illuminations :

« Pitoyable frère ! Que d'atroces veillées je lui dus ! (...) Après cette distraction vaguement hygiénique je m'étendais sur une paillasse. Et, presque chaque nuit, aussitôt endormi, le pauvre frère se levait, la bouche pourrie, les yeux arrachés, – tel qu'il se rêvait ! – et me tirait dans la salle en hurlant son songe de chagrin idiot. »

Renié

Frédéric et Blanche s'étaient installés à Attigny, dans un modeste logement, près de la gare. Ils avaient eu quatre enfants, Émilie, Léon, Nelly et Émile, né au tout début du printemps 1891. À chaque naissance, le couple avait pris soin de prévenir la famille Rimbaud, mais jamais celle-ci n'avait répondu, ni donné de nouvelles. Elle s'était détournée de Frédéric. Elle l'avait renié en quelque sorte. Plus encore que son mariage, la mère n'avait pas supporté qu'un des siens sollicitât une autorité extérieure – la cour d'appel de Nancy – pour mettre en cause sa toute-puissance. C'était ne pas respecter la loi du clan, la loi du sang. Et c'était un crime. La mère avait d'ailleurs commencé à organiser sa succession, cédant à Isabelle la maison de Roche. Écartant ainsi de façon définitive la perspective d'un retour de Frédéric sur le domaine des Cuif.

Quatre kilomètres séparaient Attigny et Roche. Il était donc fréquent que Frédéric tombât nez à nez avec la mère, ou avec Isabelle, au marché, le jeudi sur la place Charlemagne. Tous, alors, inclinaient la tête et passaient leur chemin. Pas d'esclandre en public.
Il y avait plus gênant. Frédéric, en effet, s'était trouvé un emploi de cocher, de camionneur, pour la maison Jacquemet, qui tenait l'Hôtel de la Gare. Il était chargé, entre autres, d'apporter dans les villages les colis, les plis, acheminés par voie ferrée. Fatalement, il arrivait que certains fussent libellés au nom de Mme Rimbaud. Consciencieux, et non sans une certaine dignité – il soignait alors sa tenue et veillait à se tenir droit –, il allait donc se présenter à la porte de la ferme familiale. Peine perdue. Quand la mère, par la fenêtre, apercevait son fils, elle refusait d'ouvrir, ou bien envoyait un domestique.

Cette situation absurde, Frédéric avait appris à s'en amuser, et au troquet, avec les copains, la mère était devenue un sujet de plaisanterie, personnage maléfique, sorte de fée Carabosse. Sur son compte, on se répétait les anecdotes les plus spectaculaires : l'histoire de la source, ses bondieuseries, sa répugnance à payer les salaires, ses manœuvres pour empêcher Frédéric de se marier. On spéculait sur ses intentions, on brodait, on ajoutait des détails, souvent imaginaires. Lui-même savait bien la singer, cette femme qui lui avait causé tant de déboires, et ses imitations – « Je lui dis merde ! » – déchaînaient l'hilarité générale.

Une fois seul en revanche, Frédéric retournait dans son crâne cette relation impossible. Comment un homme pouvait-il susciter chez la femme qui l'avait mis au monde autant de rejet ? Certes, la mère n'était pas une femme comme les autres. Elle pouvait se montrer mauvaise, faire preuve d'un orgueil démesuré, un orgueil comme jamais il n'en rencontra par la suite.

Mais cette femme, il lui était aussi arrivé d'être

agréable, douce, et ces derniers temps, peut-être parce qu'il vieillissait, parce qu'à son tour il était devenu père, lui étaient revenus quelques moments heureux. Les pique-niques au bord de la Meuse, les dimanches de printemps : serrés autour d'elle sur de grandes nappes amidonnées, les enfants l'interrogeaient à tour de rôle sur sa vie avant le capitaine. C'était à celui qui oserait la question la plus insolente, la plus embarrassante, chacun effrayé de dépasser les bornes, de la mettre en colère. Mais la mère répondait à tout, et plutôt de bon cœur, flattée que l'on s'intéressât à la jeune femme qu'elle avait été. Elle se livrait. Sur les derniers jours de sa propre mère, disparue si tôt ; sur les garçons de la ferme qui lui faisaient de l'œil ; sur les mœurs de sa jeunesse – « Quand par hasard on était surpris en train de se peigner, on rougissait très fort, et si c'était par un homme, on se sauvait et on ne reparaissait pas... » Si on la forçait un peu, elle pouvait même rire – un bock de bière suffisait à la détendre –, un humour froid, caustique, quand elle dénigrait un curé qui ne savait pas bien lire à la messe, ou un professeur du collège qui avait voulu lui faire la leçon et qu'elle avait remis à sa place.

Et Frédéric se surprenait à penser que ce fut peut-être une chance d'avoir eu une mère si singulière, si différente des dames patronnesses que l'on voyait se précipiter sur leur marmaille à la sortie de l'école. Au fil des souvenirs, elle ne lui apparaissait plus seulement sous les traits d'une matrone, mais comme une femme éprouvée par la vie, une femme qui aurait eu avant tout besoin de tendresse et de compassion.

Était-il irréprochable ? se demandait-il. N'avait-il pas été égoïste ? De ne pas s'être mis à sa place, elle qui fut abandonnée par le capitaine, seule à élever quatre enfants, montrée du doigt par la bonne société de Charleville ? D'avoir ignoré cette « plaie profonde » qu'elle avait avouée des années plus tôt dans sa lettre à Paul Verlaine ?

Il avait espéré que la vue de ses petits-enfants l'attendrirait. L'année dernière, il s'était rendu à la ferme avec Émilie, son aînée. Il avait frappé et, n'obtenant pas de réponse, avait ouvert la porte, poussant la fillette dans le vestibule. Mal lui en avait pris. La mère avait surgi, balai à la main, menaçant de rosser l'enfant si elle ne fichait pas le camp immédiatement!

Aujourd'hui encore, la gamine en faisait des cauchemars.

*

Le petit dernier, Émile, était «né malade». On ne pouvait pas le «bouger», et pour son baptême, le curé d'Attigny, l'abbé Joseph Sacré, avait dû se déplacer.

Blanche ne mangeait presque plus, prostrée de longues heures devant le lit du nourrisson. Elle lui murmurait des choses à l'oreille, lui prenait les mains, les embrassait, elle agitait ses petits bras, ses petites jambes, comme si elle essayait de lui insuffler cette vie qu'elle n'avait pas su lui donner à la naissance. L'enfant, lui, restait immobile, allongé sur le dos. De temps à autre, il arrivait qu'un sourire se dessinât sur sa bouche. Ses yeux, alors, s'éclairaient comme ceux de n'importe quel bambin. Blanche exultait et apostrophait le reste de la maison:

« Venez ! Venez voir, vite ! »
Mais aussitôt, Émile retombait en léthargie.

Frédéric et Blanche avaient commencé à s'éloigner, avant même l'arrivée d'Émile. Frédéric reprochait à son épouse de laisser les enfants à eux-mêmes, de ne pas assez s'occuper d'eux, de ne pas les nourrir à heures fixes. Lui qui avait reçu une éducation extrêmement stricte, au point d'en faire un rejet, supportait mal ce laisser-aller, la négligence de Blanche quant à l'hygiène et à la propreté. Il se rappelait que la mère se montrait inflexible sur ce chapitre : Arthur et lui étaient toujours impeccables, mains manucurées, cheveux peignés. Il lui semblait que, pour Blanche, rien de tout ça n'était important, que les gosses, il suffisait de les mettre au monde et qu'ils finiraient bien par se débrouiller. Malgré son tempérament débonnaire, Frédéric devait le soir élever la voix afin de ramener un peu d'ordre dans le logis. Il en voulait à son épouse de ne pas savoir tenir la maison, cuisiner, faire le marché, plier le linge.

Blanche, elle, se faisait mal à la « ville ». À rester

des journées entières entre quatre murs avec ces enfants braillards, elle étouffait, se sentait prisonnière. Sa famille lui manquait, et aussi le chant du coq, la sensation de ses pieds nus sur l'herbe fraîche, l'odeur des terres boueuses après la pluie. Elle, la paysanne, côtoyait maintenant de jeunes femmes apprêtées, en robes de taffetas, parures de dentelle et bottines. Des bourgeoises qui la regardaient avec condescendance.

Les griefs de Frédéric l'irritaient. Tout comme son indécision, ses considérations météorologiques, sa manie de lui faire partager chaque commérage glané dans les cafés du pays. Elle lui répondait sèchement, pouvait se mettre en colère pour un mot déplacé ou un geste maladroit.

Les parents de Blanche étaient venus s'installer chez eux. Les anciens cabaretiers de Roche s'occupaient d'Émilie, de Léon et de Nelly. À huit dans l'appartement, l'air était à peine respirable.

Tandis que Blanche, qui ne voulait pas quitter Émile, maigrissait à vue d'œil, Frédéric s'était mis à s'empiffrer dans les auberges d'Attigny. À boire aussi, dès potron-minet. Ressassant ce qu'avait dit la mère à Nancy, le jour où la cour d'appel avait rendu son arrêt :

« Ça ne lui portera pas bonheur. »

Ces mots, voilà qu'ils faisaient le tour de son cerveau nuit et jour, comme un manège devenu fou. Il en était devenu insomniaque, continuait à les entendre dans ses rêves tourmentés. Parfois, dans son esprit, tout s'embrouillait : il ne savait plus qui de Blanche ou de la mère avait fait son malheur.

*

La joie qui avait fui son foyer, Frédéric l'avait en partie retrouvée sur les routes.

Conducteur d'omnibus.

Foncer à toute allure, de Charleville à Reims, de Rethel à Vouziers ; prêter l'oreille à toutes sortes de gens, voyageurs de commerce, négociants, notaires, musiciens. À toutes sortes de conversations, récits de voyage, confessions, scènes de jalousie.

Libre de mener sa carriole comme il l'entendait. Seul maître à bord.

À Attigny, on le reconnaissait à sa casquette d'ouvrier, achetée à Paris. Il y avait des mauvais jours, bien sûr, l'hiver surtout, quand il tombait des hallebardes, et le froid, et le vent par rafales qui lui cinglait la figure et lui gerçait la peau, et la grêle, et la neige, et qu'on lui commandait des courses, dans tel village, puis dans tel autre, et encore dans celui-là.

« Tu vas finir par attraper la mort », s'était inquiétée Blanche, les premiers mois.

Mais il était robuste, toujours couvert d'un paletot noir, et presque jamais ne tombait malade. Ce qu'il craignait, c'étaient les fondrières, sur les nombreux chemins défoncés. Aux chevaux, il causait sans cesse – entre eux et lui, il croyait à un échange de fluide –, autant de paroles qu'il se retenait de dire à ses semblables.

Pour sa famille, pour les anciens du collège, Frédéric avait déchu.

Conduire une calèche ? Charger des bagages dans un hôtel ? Un travail de domestique !

Conducteur d'omnibus à la gare d'Attigny, c'était un beau titre pourtant. De ceux qui vous posent un homme. Qui vous distinguent. Il n'y en avait qu'un, et c'était lui, Frédéric Rimbaud.

Pour la mère, en revanche, être passé du monde des « maîtres » à celui des « serviteurs » était une faute impardonnable. On l'avait logé et nourri pourtant. On lui avait appris à se tenir à table. On l'avait envoyé au collège. On lui avait garanti un emploi stable, dans l'exploitation familiale, à la mesure bien sûr de ses (modestes) capacités intellectuelles. Mais il avait voulu faire l'orgueilleux. Montrer qu'il serait capable de faire sans eux. S'affranchir. Quel résultat ! L'aîné de la famille était à présent un moins-que-rien, un déclassé ! Être un idiot ne lui suffisait pas, il fallut aussi qu'il fût un raté.

« Raté », donc : telle fut l'accusation retenue contre lui.

Condamné aux Enfers, son nom effacé. Le même châtiment que celui infligé des années auparavant à Charles-Félix et à Charles-Auguste, les frères Cuif.

Son « mauvais mariage » suffisait-il à expliquer son bannissement ? Qu'en aurait-il été de cette histoire si l'autre Rimbaud était revenu millionnaire après un long exil dans un pays lointain ? Négociant en matières premières, influant sur le cours du cacao et du café ? Cette mère intransigeante n'aurait-elle pas été satisfaite ? Attendrie ? N'aurait-elle pas fini par lui pardonner, à ce fils maudit ? Peut-être même par le serrer dans ses bras ?

Mais Frédéric était resté à Attigny, dans le département des Ardennes. Il était conducteur d'omnibus. Et domestique, donc, à l'Hôtel de la Gare. Pis, il n'éprouvait aucune honte, et il lui arrivait de signer ses courriers ainsi : « Frédéric Rimbaud, domestique à Attigny ».

De la honte ? Et pourquoi ? Ses copains aussi étaient des domestiques. Au mariage de Juliette, la sœur de Blanche, tous, ils étaient venus, malgré la neige. Ce jour-là, à Coulommes, Frédéric s'était senti parmi les siens, ravi d'avoir été choisi pour être le témoin de la mariée. Libre, sans avoir ni à se cacher, ni à supporter les ricanements et les regards en coin.

À l'armée, il en avait connu une ribambelle, de domestiques, sans compter les journaliers, les manœuvres, les ferrailleurs, autant d'hommes qui n'étaient pas allés à l'école bien longtemps. Auprès d'eux, Frédéric, qui pouvait s'afficher avec un livre à la main, eût presque passé pour un intellectuel.

À Attigny, le conducteur d'omnibus traînait dans les auberges où il dilapidait une partie de sa paie en Picon bière, devisant avec les habitués de la vie du village : incendies, vols de poules, concours agricoles, parties de chasse. Souvent, on lui demandait de lire à voix haute *Le Petit Ardennais* ou *Le Courrier des Ardennes*, les jours où il y avait un article sur le bourg ou sur un village voisin. Tantôt, on lui faisait remarquer qu'il eût pu faire un autre métier s'il avait voulu, peut-être dans un bureau, une compagnie d'assurances – on en voyait s'ouvrir beaucoup dans les grandes villes. Un métier tranquille, mieux payé. Il répondait que ça ne l'intéressait pas : « J'aime mieux respirer, prendre l'air. »

Il savait la vie de chaque habitant. Et inversement, tout le monde le connaissait. À Attigny, l'histoire de son mariage avait fait le tour des maisons. On le plaisantait, les jours de marché, quand la mère était là. On savait aussi qu'il avait eu un frère, qui avait été poète avant d'échouer en Afrique, au milieu du désert. On ignorait en revanche ce qui le rongeait : la maladie d'Émile et son couple qui se délitait.

L'aîné des Rimbaud n'avait pas seulement rêvé de gloire sur un champ de bataille. À la différence d'Arthur, il s'était toujours projeté entouré d'une immense famille. Ce désir, il remontait à l'enfance, quand la mère s'était installée rue Bourbon – « la rue la plus mal famée de Charleville », disait-elle. Arthur et lui, timidement, ils avaient aux alentours de huit ans, s'étaient rapprochés des voisins, des Italiens, des Espagnols. Ils avaient tendu l'oreille, écouté ces langues fières et bruyantes qu'ils ne comprenaient pas. Au bout de quelques jours, ils avaient joué avec les autres gamins. Avaient-ils jamais été plus heureux l'un et l'autre que ces années-là, au contact de ces garçonnets, de ces fillettes, crasseux peut-être, bagarreurs, grossiers, mais libres ? Au monde de sécheresse et de devoir qu'ils avaient connu, ce monde corseté où l'amour ne se disait pas, ne se montrait pas, où il n'existait pas en somme (et l'absence d'un père, d'un couple à observer, participait à cette non-existence), s'en était greffé un autre, rempli de promesses, et surtout d'un salut possible. Dans une lettre que Frédéric avait lue, son frère s'était moqué de sa « frénésie de mariage ». Comment avait-il pu ne pas comprendre ? Pour échapper à la mère, Arthur s'était exilé à l'autre bout du monde. Demeuré à Roche, Frédéric, lui, avait cherché refuge au plus près. Et les Justin, avec leurs enfants éparpillés à chaque coin du village, hurlant et courant d'une maison à l'autre, lui avaient rappelé les Italiens et les Espagnols de la rue Bourbon.

Ses illusions militaires envolées, restait à Frédéric la famille qu'il avait fondée, le seul rêve qu'il eût accompli, envers et contre les siens, le seul auquel il pût se raccrocher pour clamer que non, il n'était pas un raté. Pas plus en tout cas qu'Isabelle, vieille fille à trente ans passés. Pas plus que la mère, délaissée par son époux. Pas plus qu'Arthur, oublié de tous et à qui l'on venait de couper la jambe.

*

Arthur Rimbaud était mort.

C'était arrivé à Marseille, à l'hôpital de la Conception, le mardi 10 novembre 1891. Mais ce ne fut que le samedi suivant, le 14, que son corps fut rapatrié à Charleville. À neuf heures, ce jour-là, sa mère et sa sœur, Isabelle, allèrent trouver l'abbé Joseph Gillet à l'église Saint-Rémi. Elles lui commandèrent, pour dix heures, un service de première classe. L'abbé Gillet se souvenait bien d'Arthur Rimbaud, il avait été son professeur d'instruction religieuse au collège. À l'époque, il disait admirer « les ressources précoces et variées de son intelligence ». Il voulut convaincre les deux femmes de lui accorder plus de temps : peut-être parviendrait-il à trouver en ville d'anciens amis et condisciples ? Mais la mère, d'un ton sec, mit fin à la conversation :

« N'insistez pas, c'est inutile. »

Les obsèques eurent donc lieu à dix heures, ainsi que les deux femmes l'avaient exigé. L'abbé réussit, malgré l'urgence, à réquisitionner une vingtaine d'orphelines, chargées de brûler des cierges, des enfants de chœur, un organiste et un souffleur. Il trouva également, pour l'aider à célébrer, des vicaires et des diacres. Et aussi un sacristain, un bedeau, un suisse et un sonneur.

Aussi, il y eut du monde aux obsèques d'Arthur Rimbaud. Du moins dans le chœur de l'église, autour de l'autel. Les bancs, eux, restèrent vides. À l'exception de ces deux femmes en noir, regards et larmes dissimulés sous leur mantille.

Quand Frédéric apprit le décès de son frère, une semaine s'était écoulée depuis l'enterrement, au cimetière de Charleville. La mère et la sœur n'avaient pas jugé bon de l'en avertir. Quand tout fut terminé, Isabelle lui écrivit une lettre, à peine plus informative qu'un faire-part. En réalité, Frédéric savait depuis longtemps qu'on ne pourrait pas sauver Arthur. Le docteur Beaudier, qui l'avait examiné à Roche après son amputation, le lui avait dit. La cuisse était gangrenée, il n'y avait rien à faire, sinon soulager la douleur avec des narcotiques.

La mort d'Arthur le bouleversait, bien entendu, mais ne devait-il pas se rendre à l'évidence ? Le frère qu'il avait admiré, l'ami si proche, le gosse qui le faisait tourner en bourrique, n'avaient-ils pas tous, et depuis longtemps, disparu ? Qui était-il, ce négociant en café, en ivoire, ce vendeur de peaux de chèvre, sinon un étranger ? Leurs vies avaient pris des tours différents, c'était ainsi, et cela arrivait dans chaque famille. Et néanmoins, il continuait à se persuader que si Arthur ne lui avait pas écrit lors de son séjour en Afrique, c'était à cause de la mère, de toutes les saloperies qu'elle avait pu lui dire. Des choses terribles, imaginait-il. Comment son frère, si fin, si clairvoyant, avait-il pu s'y laisser prendre ?

Après son opération à Marseille, Arthur était retourné sur les terres familiales, dans la maison des Cuif. Il y était resté un mois. Le temps avait été affreux. On voyait les moissons pourrir dans les champs, sous des pluies abondantes, les avoines battues par le vent. Une nuit, l'orage et la grêle avaient tout ravagé. Au matin, on avait trouvé les arbres couverts de givre.

Chaque jour ou presque, Frédéric avait hésité à aller le voir, à lui présenter Blanche et les enfants. Et chaque jour ou presque, il avait renoncé, incapable de pardonner à ce frère mourant de l'avoir trahi quand il avait voulu se marier.

Un dimanche après-midi, il était allé jusqu'à conduire le docteur Beaudier à la ferme. Il s'était garé de l'autre côté de la route, près du lavoir ; il avait d'abord fait les cent pas, bras croisés, jusqu'à la sortie du village, attendant que la consultation fût terminée. Puis, d'énervement, il s'était rassis sur son siège, mâchant sa chique, crachant des jets de salive noire, tapotant l'encolure de ses bêtes. Que pouvait-il faire d'autre, à part contempler cette bâtisse grise dont il connaissait intimement chacune des pierres, cette propriété à la fois simple et majestueuse, à l'entrée du hameau, qui faisait l'orgueil de la mère, sa raison d'être ? Le vent soufflait fort. À l'horizon, pas âme qui vive. Presque à contrecœur, des images, des scènes, qu'il croyait oubliées, lui étaient revenues: leurs jeux d'enfants, l'été, les courses à n'en plus finir, les batailles d'eau près du ruisseau, les vaches qu'ils allaient nourrir à l'étable. Leurs bagarres. Combien de fois, par lassitude, l'avait-il laissé gagner, lui, Arthur, frêle mais teigneux, prêt à crever d'épuisement plutôt que d'admettre une défaite.

Beaudier avait mis du temps à sortir, et durant ce long moment, tout avait semblé possible à Frédéric: traverser, forcer la porte, bousculer la mère, et le prendre dans ses bras, ce frère en train d'expirer. Lui dire qu'il l'aimait, et cela aurait suffi. Et cependant, au lieu de se précipiter dans la maison, Frédéric avait tergiversé, pesant le pour et le contre, préférant finalement bavarder de sa nouvelle vie avec un ancien qui était passé par là. Songeant, non sans désinvolture, que l'occasion se présenterait à nouveau, ou que l'on finirait bien par l'appeler.

Sur la route du retour, Beaudier ne lui avait rien caché. Ce qui le frappait, disait-il, c'était l'antipathie d'Arthur pour la mère, le malaise physique qu'il ressentait dès que ces deux-là se trouvaient dans la même pièce. Tandis qu'elle était apparue dans sa chambre, Arthur lui avait hurlé de « foutre le camp ! ». Cette répugnance avait une explication, Frédéric l'apprit plus tard d'un domestique : l'abandon de la mère après l'amputation. Elle avait accouru pourtant, quand il lui avait envoyé un télégramme à son retour d'Aden.

« Aujourd'hui toi ou Isabelle venez Marseille par train express lundi matin on ampute ma jambe danger mort affaires sérieuses régler Arthur hopital Conception répondez Rimbaud »

Mais au bout de quinze jours, l'opération faite, il avait fallu qu'elle s'en retournât à Roche. Arthur eut beau la supplier, se répandre en sanglots, rien n'y fit. Ne pas être à la ferme au moment des récoltes était pour elle inconcevable, quand bien même la vie de son fils ne tenait qu'à un fil.

À Roche, Arthur avait échangé uniquement avec Isabelle, petite sœur devenue irremplaçable. Assez vite, il était reparti à Marseille, à l'hôpital de la Conception. Là, il avait séjourné presque trois mois, jusqu'à son décès. Durant cette longue agonie, Isabelle était restée à son chevet. En revanche, alors qu'elle le savait condamné, pas une seule fois la mère ne s'était déplacée pour lui dire adieu.

Ces jours-ci, Frédéric avait bien du mal à trouver le sommeil, méditant sur ces retrouvailles manquées, sur ces quelques mètres qu'il n'avait pas faits, sur cette route qu'il n'avait pas traversée. Convaincu, dans ses heures de délire ou de mauvaise ivresse, qu'Arthur était mort de chagrin de ne pas l'avoir revu, lui, son frère, de s'être senti abandonné.

À défaut de mots, de gestes tendres, il se raccrochait au souvenir des visages qu'il avait connus : l'enfant rêveur, l'adolescent cynique, le complice que jamais il ne retrouva par la suite. Déterminé à croire, pour ne pas sombrer, que, malgré les brouilles, les rancunes, Arthur et lui étaient restés frères par-dessus le temps qui avait passé.

*

Quelques semaines après la mort d'Arthur Rimbaud, le lundi 7 décembre 1891, Frédéric reçut la lettre d'un journaliste parisien de vingt-sept ans, Rodolphe Darzens.

« Monsieur,
Excusez mon importunité : mais un journal, *l'Écho de Paris*, publie une nouvelle dont l'authenticité ne me paraît pas certaine : il raconte que votre frère, M. Arthur Rimbaud, serait mort à Marseille, et que son corps, transporté à Charleville, y aurait été inhumé le 23 novembre qui vient de s'écouler.

Je vous serais bien reconnaissant, Monsieur, de me faire savoir si cette nouvelle est fausse, ce que j'espère, et, en tout cas, si vous me permettez, d'entrer en correspondance avec vous afin de vous demander quelques renseignements sur votre frère, renseignements qui me seraient nécessaires pour une étude que j'ai l'intention de lui consacrer.

Je voudrais également publier quelques articles de journal sur lui.

En attendant la faveur d'une réponse, je vous prie de me croire votre respectueux.

Rodolphe Darzens
Adresse personnelle :
28 rue Guillaume-Tell, Paris »

Comme beaucoup d'auteurs de sa génération, Rodolphe Darzens avait découvert l'œuvre d'Arthur Rimbaud grâce aux *Poètes maudits*, cette étude que Paul Verlaine lui avait consacrée. Depuis, subjugué, Darzens s'était mis en tête de raconter la vie du poète et de rassembler des textes inédits. Il venait de mettre la main sur plusieurs manuscrits, rachetés à l'écrivain Paul Demeny, que Rimbaud avait fréquenté à Douai lors de sa première fugue, et avait entrepris de les faire publier sous le titre de *Reliquaire*. Voilà comment, par une coïncidence extraordinaire, tandis qu'Arthur Rimbaud revenait mourir à Marseille, se préparait à Paris, au même moment, la première publication de ses œuvres.

Toutefois, Darzens avait choisi comme éditeur un Belge peu scrupuleux, du nom de Léon Genonceaux.

Sous la signature de Darzens, une préface fut imprimée, injurieuse pour le poète, qui pointait sa « cruauté » et sa « nature profondément méchante ». Colère de Darzens, qui fit saisir les cinq cent cinquante exemplaires de l'ouvrage le 9 novembre 1891, soit la veille du décès d'Arthur Rimbaud.

Frédéric ignorait évidemment tout de cette affaire. Il répondit à Darzens le jour même :

« Monsieur,
Je ne puis malheureusement que confirmer la nouvelle de la mort de mon frère.

Je joins à l'appui un article d'un journal du département, *le Courrier des Ardennes* qui pourra peut-être vous donner quelques renseignements.

Je me propose de vous envoyer sous peu un petit volume de Verlaine, intitulé *les Poètes Maudits*.

Si vous pouviez m'envoyer l'article de *l'Écho de Paris* faites-moi le parvenir car d'après une bribe que j'ai lue par hasard il me paraît inexact.

Voilà pour le moment les seuls renseignements que je puis donner. J'attends d'ici une quinzaine environ une lettre du consul d'Aden où il se trouvait et alors je pourrai peut-être compléter ce que vous désirez savoir.

Mille remerciements monsieur et recevez mes respectueuses salutations.

Rimbaud Frédéric
Camionneur à la gare d'Attigny
Ardennes »

Deux jours plus tard, le mercredi 9 décembre, Frédéric Rimbaud reçut un nouveau courrier de Rodolphe Darzens.

« Monsieur,
Je viens de recevoir votre lettre contenant l'article sur la mort de votre frère Arthur : en vous priant d'agréer l'expression de mes condoléances, je vous remercie bien cordialement de votre envoi.

J'ai laissé hier soir votre lettre sur ma table, au journal, et il m'est impossible de la retrouver, en sorte que ma mémoire n'est pas bien sûre de l'adresse que vous m'avez donnée.

Voici la note très courte parue ici à Paris :

"Nous avons le triste devoir d'annoncer au monde littéraire la mort d'Arthur Rimbaud. Il a été enterré ces jours derniers à Charleville. Son corps a été ramené de Marseille. Sa mère et sa sœur suivaient seules le convoi funèbre."

Le très grand talent littéraire de votre frère m'avait toujours séduit. J'ai fait connaissance, ici, à Paris, de Georges Izambard qui fut son professeur au collège de Charleville (et peut-être le vôtre?), d'un de ses amis, Delahaye et de M. Paul Demeny auquel il avait remis de nombreux vers. Je voulais, grâce aux lettres et aux poésies que ces messieurs m'avaient confiées, publier une étude très complète sur votre frère lorsque la malhonnêteté d'un éditeur auquel je m'étais adressé et qui s'est enfui à l'étranger après quelques vilains coups, m'en empêcha. Il m'a même soustrait le manuscrit, écrit de la main de votre frère, de poésies que m'avait donné Paul Demeny. Cette étude, je voudrais la publier tout de même. Auriez-vous un portrait de votre frère, une photographie quelconque? Je vous la renverrai aussitôt que je l'aurai fait reproduire.

Peut-être avez-vous dans les lettres qu'il a pu vous

adresser, des renseignements sur ses voyages. – Si le temps vous manquait pour les copier, il vous serait facile (si elles n'ont rien de personnel), de me les adresser sous pli recommandé : dès que j'en aurai pris connaissance, je m'engage à vous les retourner de la même façon. Je vous envoie, afin de me faire connaître à vous, deux de mes livres, en même temps qu'une revue, *L'Évolution*, où j'ai publié un devoir en vieux français d'Arthur Rimbaud, que M. Izambard m'avait donné.

J'aurais désiré savoir de quelle maladie est mort votre frère ; puis-je aussi écrire à votre mère à ce sujet ?

Enfin, comme au plus proche parent du poète, je vous demande l'autorisation de publier l'étude dont je vous ai parlé tout à l'heure, en y citant des poésies et des extraits de lettre ; bien entendu, je vous enverrai mon travail afin que vous le lisiez avant de le publier.

Croyez, cher Monsieur, à l'expression de ma sympathie et à ma reconnaissance.

Rodolphe Darzens
Paris, 28 rue Guillaume-Tell

Ne m'envoyez pas *Les poètes maudits*. Je les ai et je connais Verlaine – il n'a rien de particulier à dire. »

Frédéric posta sa réponse le lendemain. Une longue lettre, sur deux pages, dans laquelle il ne cachait rien de sa situation familiale. Une écriture difficilement lisible, mais aucune rature, et pas une faute d'orthographe.

« Monsieur,
Merci mille fois des marques de sympathie que vous avez pour mon frère Arthur ; puissent ces marques adoucir le chagrin que je ressens de sa mort car nous avons toujours été camarades.

Je regrette que vous ayez laissé sur votre bureau la lettre que je vous ai adressée dernièrement et qu'elle se puisse être égarée, car vous auriez trouvé mon adresse ainsi conçue :

Rimbaud Frédéric, conducteur d'omnibus à la gare d'Attigny (Ardennes)

Quant à la note parue à Paris, je crois que vous l'avez raccourcie. Si j'ai bonne mémoire, d'après *l'Écho de Paris*, le début doit être :

"Nous apprenons la mort d'A.R... Ce jeune homme mangeait gloutonnement, se tenait mal à table, dédaignait de causer et lorsque par moments la verve lui venait, il vous débitait..."

C'est à peu près tout ce que je connais, puisque je n'ai pu lire qu'un fragment.

Je connais parfaitement Georges Izambard qui était professeur au collège de Charleville, ensuite rédacteur du *Nord-Est* dont j'ai été le petit employé et le fameux Delahaye dont la mère était épicière à Mézières et lui petit employé à la préfecture, un ami avec lequel j'ai fait quelques noces, j'ai perdu ses traces depuis longtemps. Le nom de P. Demeny ne me revient pas à la mémoire, il me semble cependant qu'il y avait un collègue à peu près du même nom, qui faisait classe avec nous.

Vous me dites qu'un éditeur malhonnête vous a souscrit un manuscrit, je vous crois mais vous auriez dû avoir l'œil.

Vous me demandez un portrait de mon frère hélas je ne puis vous en procurer.

Vous me forcez d'avouer ma situation vis-à-vis de ma mère.

D'une bonne famille, le père capitaine, la mère riche à environ trois cent mille francs, suis son fils Frédéric R. Je me suis allié après deux années de procès à une jeune fille qui n'avait rien. Depuis environ dix ans je n'ai de nouvelles ni de ma mère, ni de ma sœur ni jamais de mon frère qui avait été un très grand ami pour moi. Je pense que mon frère se sera laissé influencer par ma mère et que par ce motif il ne m'a jamais donné de ses nouvelles. Donc je ne puis fournir aucun renseignement précis.

Je suis sûr que ma mère possède son portrait, en le lui demandant à votre nom, sans parler de moi, vous pourriez l'obtenir.

Mon frère est mort suite de l'amputation de la jambe droite, amputation subie à Marseille à son retour d'Arabie soi-disant cause d'une tumeur au genou. Mon frère est revenu à Roche chez ma mère mais ne s'y plaisant pas a demandé à ce qu'on le renvoie en Arabie mais n'a pu faire le voyage que jusqu'à Marseille où il est mort.

Comme plus proche parent du défunt j'autorise la publication de tout ce qui peut avoir trait à lui et sans aucun contrôle.

Merci mille fois de l'hommage que vous me faites de vos publications, l'une surtout *Nuits à Paris* me paraît abracadabrante. Je me propose de la lire à tête reposée car si je ne me trompe elle pourrait me remémorer mon ancienne vie de Paris.

Attendez donc je vous prie la réponse que moi-même j'attends et avec ce document vous pourrez être fixé sur ce que vous avez à faire.

Toujours charmé d'être en correspondance avec vous.

Recevez monsieur mes civilités empressées.

Rimbaud Frédéric
Conducteur d'omnibus à Attigny (Ardennes) »

*

Quelques jours après ce courrier, la mère et la sœur furent averties de la parution dans *Le Petit Ardennais*, quotidien radical-socialiste, d'un long article retraçant la vie aventureuse d'Arthur Rimbaud, de son séjour en prison lors de son arrivée à Paris à son départ pour Aden dix ans plus tard. L'auteur, à la signature mystérieuse

(« M. D. »), était bien renseigné – c'était à l'évidence un intime –, et savait user de formules lapidaires :

« Dès la levée du siège de Paris, il vend sa montre d'argent, et avec le produit, vient à Paris (...) Rimbaud passe une huitaine crevant de faim, couchant dans des bateaux à charbon, mangeant les détritus de salades et légumes jetés par les fruitiers ; il a acheté un hareng, et en mange un petit bout tous les jours ; la poche du veston est trouée : le grand homme s'aperçoit un jour qu'il se promène avec une moitié de hareng sortant de son vêtement ! joie des passants. Retour à Charleville (...) Pendant la Commune, il revient à Paris, à pied – arrivé, – il s'engage dans les "tirailleurs de la révolution", compagnie franche (...) D'ailleurs jamais armé ni habillé, vit quinze jours caserne Babylone avec de bons ivrognes, apprend que les troupes vont rentrer, se sauve et revient pedibus à Charleville où désormais il laisse pousser ses cheveux jusqu'à ce que Verlaine à qui il a écrit pour "conter sa haine" lui écrira de venir à Paris (...)

De là à Charleville (1876), Vienne où il s'enivre. Il est volé – mendicité – travail – rapatrié à la suite d'une rixe avec la police (...) il s'engage au service de la Hollande : 1 200 francs de prime dont 6 ou 800 à toucher de suite. – Il s'embarque, arrive à Sumatra. Salle de police, s'ennuie et déserte (...) malgré les 3 ans de prison qu'il avait mérités en Hollande, il regagne ce pays de cocagne et se fait racoleur. Sachant l'allemand, il rôde sur frontière et racole pas mal de bons Prussiens, grâce à quoi il gagne pas mal d'argent et file à Hambourg où il achève de dissiper ses bénéfices... (...) Il revient à Roche malade, on l'y voit pour la dernière fois fin 1879. »

Infâme, scandaleux, outrageant !
On ne parlait pas d'un poète, mais d'un vagabond ! d'un voyou ! d'un mendiant !
Qu'allait-on penser à Roche ? Les voisins ? Le curé ? Le maire ?
Car *Le Petit Ardennais*, on le trouvait partout à présent, cinq centimes, et avec les progrès de l'instruction, tout le monde savait lire, ou presque.

Et ce M. D. ? Qui se cachait derrière ces initiales ? Qui avait donné toutes ces informations ?

Aussitôt, la mère et la fille pensèrent à Frédéric. De ne pas avoir été prévenu des obsèques d'Arthur, il avait voulu se venger... Elles n'en étaient pas certaines, bien entendu... Cependant, ce jour-là, pour la première fois, elles appréhendèrent la menace qu'il représentait pour leur réputation. Les textes d'Arthur n'étaient pas, comme elles l'avaient longtemps cru, des gribouillages d'adolescent, mais une œuvre qui avait des admirateurs, des fidèles. Les questions sur sa vie n'allaient pas manquer – son soutien à la Commune, sa relation avec Verlaine –, les chasseurs d'anecdotes débouler. Il allait falloir faire bloc. S'exprimer d'une seule voix. Comment faire alors que Frédéric pouvait répondre à qui bon lui semblait, prétendre ce qu'il voulait ? Que rien ne lui interdisait de faire paraître des textes scandaleux, d'autoriser des publications licencieuses ?

Arthur l'avait écrit : son frère était un « parfait idiot ». Voilà bien ce qui le rendait d'autant plus dangereux.

À ce brûlot, la mère et la fille se devaient de répliquer. Isabelle s'y colla. Quatre jours plus tard, le samedi 19 décembre, son droit de réponse fut publié dans *Le Petit Ardennais*, mais aussi dans *Le Courrier des Ardennes*, le quotidien conservateur, très lu par les notables du Vouzinois.

Elle dénonçait « une invraisemblable légende de misère noire », « un abominable tissu de contes injurieux », « un récit outrageant et fantaisiste ». Rétablissant, au prix de quelques mensonges et de pas mal d'inventions, l'honneur d'Arthur, et par là même celui de la famille :

« En 1870, ses études furent interrompues par la guerre. L'un de ses professeurs l'amena à Paris et le présenta à MM. Théodore de Banville et Verlaine : ceux-ci furent frappés de l'intelligence de cet enfant de quinze ans et lui firent écrire quelques poésies dont plusieurs sont de véritables petits chefs d'œuvre ; mais jamais il ne vint à l'esprit à A. Rimbaud de faire publier ses vers ni d'en tirer gain ou célébrité (...) De 1871 à 1874, A. Rimbaud a continué ses études, non plus dans un collège, mais avec différents professeurs particuliers (...) En 1880, un gentleman anglais, dont les fils avaient reçu d'A. Rimbaud des leçons de langue, émerveillé des connaissances presque universelles du précepteur de ses enfants, l'emmena à Aden et lui procura comme négociant une position très honorable dans une maison française; au bout de trois ou quatre ans, Arthur Rimbaud qui avait enfin trouvé son élément, était arrivé dans le haut commerce de cette ville à une réputation d'habileté et d'honnêteté exceptionnelle (...) Jamais, de l'avis unanime de tous les Européens établis dans ces régions, on n'avait vu pareille activité, pareil courage : vénéré et chéri par les indigènes, estimé par les blancs, sa probité et sa bonté jointes à la pureté de ses mœurs l'avaient rendu l'arbitre habituel de tous ceux entre lesquels quelque différend s'était élevé. »

*

La mère avait refusé de se rendre à Attigny, fidèle à son vœu de ne plus adresser la parole à ce fils qu'elle avait renié. Alors Isabelle, seule, était allée frapper à la porte de Frédéric, au 43, avenue de la Gare, bâtiment austère, crépi à neuf, collé à l'hôtel pour lequel il travaillait. Elle avait salué avec gêne la mère de Blanche, Esther, qui lui avait ouvert. C'était le début de l'hiver, il faisait déjà nuit. Dans la pièce principale, traversée par un fil où séchait le linge, une armoire, un buffet et, près du mur, une table rectangulaire avec plusieurs chaises. À la vue de ces enfants dépenaillés, pieds nus, Isabelle avait eu peine à contenir sa répulsion. Cœur barbouillé par le mélange d'odeurs, le charbon du poêle, une soupe en train de chauffer. Elle s'approcha du berceau, au fond de la pièce, découvrit Émile, « inachevé », esprit enténébré, les yeux cristallins. Bouleversée, mais songeant que de ceux-là, cet innocent avait peut-être le sort le plus enviable : au moins lui ne se rendrait-il jamais compte de sa misère.

À Frédéric, elle voulut parler en tête à tête. Il refusa : il n'avait rien à cacher à sa famille, dit-il. Et puis, il n'y avait qu'un poêle, et les gosses étaient agglutinés autour. Les chambres étaient glacées, pas question de les y envoyer. Il l'invita donc à s'asseoir.

Sans un mot, et tout en continuant à regarder

autour d'elle, Isabelle ôta son chapeau à plumet, ses gants blancs, son manchon en fourrure, son long manteau en laine. Puis elle tendit à son frère un exemplaire du *Petit Ardennais*.

Frédéric avait lu l'article sur Arthur; il avait trouvé ça « amusant ».

« Amusant ? Et les conséquences ? »

Frédéric ne put retenir un sourire: Isabelle découvrait enfin la vérité sur Arthur. Ce frère qu'elle n'avait jamais vraiment connu sinon lors de son agonie (mais que vaut un homme cloué sur son lit de mort?); ce frère dont elle savait à peine qu'il avait écrit des textes remarqués en leur temps par des auteurs célèbres; ce frère que son imagination avait élevé au rang d'un saint François d'Assise, parti en Afrique évangéliser des peuplades ignorantes.

« Ça vient de toi ? demanda-t-elle.

– Bien sûr que non ! »

Elle ne le croyait pas. Il jura. Autour d'eux, les gosses jouaient à s'attraper. Ils couraient, ils hurlaient.

« Mais fais-les taire, bon sang ! »

Frédéric ne dit rien.

Elle exigeait la publication d'un nouveau démenti dans *Le Courrier des Ardennes*. Elle voulait qu'il lui donnât raison, à elle, sa sœur, contre la version de ce M. D. Faire taire les rumeurs, les bruits malfaisants.

Bêtement, ou à dessein – peut-être sentait-il qu'il y avait un parti à tirer –, Frédéric parla de ce journaliste, Rodolphe Darzens, qui lui avait écrit quelques jours auparavant.

« Il m'a demandé s'il pouvait publier des textes...
– Et...?
– J'ai dit oui. »

Ce qu'elle avait pressenti, le pouvoir de nuisance de son frère, s'avérait donc exact.

« Mais de quel droit tu parles au nom de la famille?
– Je parle au nom d'Arthur!
– Arthur? Mais que sais-tu de l'homme qu'il était devenu? Est-ce toi qui as veillé sur lui nuit et jour à l'hôpital? Je t'interdis de parler d'Arthur à quiconque! »

Dans la maison, tout le monde s'était tu, même les enfants qui s'étaient arrêtés de courir. Blanche était revenue. Isabelle la reconnut à peine tellement elle avait maigri, tellement sa peau, son regard, avaient perdu leur éclat. D'infimes sillons étaient apparus sous ses yeux. Isabelle ne put s'empêcher d'être touchée par le calvaire de cette femme qu'elle avait détestée autrefois.

Blanche, elle, n'avait salué personne, allant directement près du berceau, escortée du reste de la marmaille qui aurait bien voulu elle aussi obtenir un peu de son attention.

Et la sœur, soudain, discerna le point faible de ce « parfait idiot » : sa nouvelle famille, ces gens qui n'avaient rien, qui la regardaient, elle, Isabelle Rimbaud, propriétaire à Roche, comme si elle était la duchesse d'Alençon, cette cadette de l'impératrice Sissi. Ils n'avaient pas d'argent, mais en savaient la valeur, les promesses d'avenir, d'instruction. Ne plus besogner comme des moins-que-rien, ne plus scruter avec angoisse ce ciel maudit, ne plus en craindre les châtiments : les tempêtes, la grêle, la neige, toute cette pourriture. Ne plus subir le mépris... et surtout vivre de rentes, comme eux, les Cuif...

Et Isabelle, cette fois-ci, ne s'adressa plus seulement à Frédéric. Elle leva son visage, ce visage sans grâce et sans âge, fixant tour à tour les Justin et les enfants revenus près du poêle. Elle parla lentement, intensément, espérant que, de la place où elle se trouvait, Blanche elle aussi pût l'entendre. Ces étrangers, ces « souillons », étaient maintenant ses alliés.

Oui, la mère et elle avaient agi avec maladresse. Elles avaient été en colère. Mais Frédéric non plus n'avait pas été irréprochable, et cette façon de n'en faire qu'à sa tête, et d'ailleurs à quoi bon reparler de tout ça ? Ne fallait-il pas savoir pardonner ? Frédéric était marié, il avait une famille, une jolie famille, et cette famille, c'était aussi la leur...

Il voulut la couper. Elle ne se laissa pas faire.

Bien sûr qu'ils appartenaient tous à la même famille ! Comment pouvait-il prétendre le contraire ? N'était-il pas son frère, son parrain ? Elle était venue faire la paix. Tendre la main. La mère avait voulu exclure Frédéric de la succession, elle s'y était opposée. Vitalie n'était plus là, Arthur n'était plus là... Ils devaient se soutenir à présent...

Si jamais ils étaient dans le besoin, si l'argent venait à manquer, elles seraient là, la mère et elle, prêtes à les aider, elle le jurait devant Dieu...

Elle s'arrêta un instant. Blanche s'était approchée, le bébé dans ses bras. Isabelle prit sur elle pour ne pas défaillir... Demain elle verrait ce qu'elle pourrait faire pour lui, il devait bien exister des établissements... Mais Frédéric devait être loyal, ne plus dire un mot sur Arthur.

« Sinon... »

Isabelle n'avait pas terminé que Frédéric avait commencé à arpenter la pièce. Regard en feu, frôlant les uns, les autres, se parlant à lui-même, ses bras faisant d'amples moulinets comme s'il se préparait à un corps à corps.

Ce qu'elle lui avait fait subir, ça ne suffisait donc pas ? Il fallait qu'elle vînt chez lui, qu'elle fît du chantage, devant sa femme et ses gosses ?... Et il faudrait la croire, cette sœur ingrate, ce décalque de la mère... Pas un mot depuis huit ans, pas même quand elle avait appris pour Émile, pas même quand Arthur était parti, qu'il n'avait pas pu l'embrasser, lui dire adieu...

« Saleté, va ! »

Pardonner ? Mais pardonner quoi ?

Tendre la main ? Cette main sèche et veineuse que jamais personne ne lui avait demandée ?

Elle lui répugnait, oui...

Au nom de quoi devait-il se taire ? Qui avait partagé la chambre d'Arthur ? Lu ses premiers textes ? Arthur, c'était un génie, le plus incompris des hommes ! Qu'elle demande donc à Verlaine ! Ou tiens, à ce journaliste, Darzens, celui qui lui avait écrit...

Frédéric avait battu le plancher de ses pas lourds, tournant autour d'Isabelle, s'approchant si près qu'elle dut reculer, parce qu'il lui faisait peur. Grisé, il avait pris de l'assurance, modulant sa voix, de la douceur à la menace, pareil à ces avocats observés à Nancy. Mais quand il eut achevé, il se sentit éreinté, vidé. Pris de vertige, il dut s'asseoir. Il avait chaud à présent. Il sortit de son pantalon un mouchoir maculé de traces noirâtres avec lequel il s'essuya le front.

Isabelle se leva. Elle remit son manteau, ses gants, son chapeau. Marcha jusqu'à la porte. Tout heureux de la flanquer dehors, Frédéric crut l'avoir vaincue, cette sœur plus perfide qu'une vipère. Un coup d'œil lui fit comprendre qu'il n'en était rien. Les Justin – Blanche et ses parents – le regardaient d'un air réprobateur, inhabituellement sévère. Autour d'eux, alignés comme des petits soldats, Émilie, Léon et Nelly, graves et silencieux. Et Frédéric hésita. Oui, il pourrait en dire, des choses, sur Arthur, sur sa famille. À des journalistes, à des écrivains, qui viendraient jusqu'ici, qui lui demanderaient de tout raconter, l'enfance, le collège, les fugues. Oui, il pourrait tout balancer, les saloperies de la mère, les punitions, les mensonges, ce qu'elle lui avait fait endurer parce qu'il avait voulu épouser une fille qui n'avait pas le sou. Sa petite vengeance. Mais qui trinquerait? Pouvait-il faire ça à ses gosses?

Isabelle s'était retournée, elle les observait, un à un... Son côté mère supérieure, sa condescendance... Dieu que cette femme était fausse! Cette famille qu'il avait fondée, son orgueil et son fardeau, il devait bien la nourrir, et la vie était devenue si dure. Comment ferait-il quand les enfants seraient en âge d'entrer au collège? Avec quel argent ? Avait-il vraiment d'autre choix, lui, le conducteur d'omnibus de la gare d'Attigny, que d'accepter le marché d'Isabelle ?

*

Le dimanche 27 décembre 1891, dans *Le Courrier des Ardennes*, parut un petit texte intitulé « Une protestation ».

« M. Frédéric Rimbaud, frère du poète de ce nom, nous adresse la lettre suivante, dont il sollicite de nous l'insertion :
Monsieur le Rédacteur,
Obligé de sortir de la réserve, que m'impose ma situation, je suis forcé de confondre les langues mensongères, qui prétendent que je serais soit l'auteur ou l'instigateur de l'article, qui a paru dans *le Petit Ardennais*, concernant Arthur Rimbaud, mon frère.

Que la personne qui a rédigé l'article, signe son nom, comme l'a fait dans sa réponse Isabelle Rimbaud ; réponse que j'approuve et que je loue comme frère du poète.

Malgré les quelques confidences qu'il m'a faites, je ne connais rien d'exact dans le récit fantaisiste du *Petit Ardennais*.

Je vous serais bien obligé, Monsieur le Rédacteur, de publier ma lettre, pour prouver que jamais je n'ai fourni aucun renseignement, concernant mon frère Arthur Rimbaud.

Recevez mes salutations.

Frédéric Rimbaud
Domestique à Attigny, frère du poète Arthur »

Frédéric avait donc accepté de transiger, reprenant mot pour mot la formule d'Isabelle sur « le récit fantaisiste du *Petit Ardennais* ». À partir de ce jour, il renvoya vers sa sœur toutes les demandes d'informations sur son frère Arthur. Y compris les questions relatives aux droits de publication.

Dans l'histoire d'Arthur Rimbaud qui allait bientôt commencer à s'écrire, Isabelle prendrait une place prépondérante, quand Frédéric, lui, serait effacé. D'un autre Rimbaud, il ne serait à l'avenir plus question.

Frédéric était évidemment loin de se douter qu'il

venait de renoncer, pour lui et pour ses héritiers, à une petite fortune, bien plus considérable que les quelques lopins de terre qu'il hérita à la mort de sa mère.

L'article publié dans *Le Petit Ardennais* sous les initiales « M. D. », qui fut à l'origine de cette transaction familiale, était en réalité une compilation de notes écrites par Ernest Delahaye, l'ami de jeunesse des frères Rimbaud, à l'attention de Paul Verlaine.

Je revis Jacqueline Teissier-Rimbaud en février, toujours dans un café parisien, cette fois-ci rue de Rivoli. Aimable, elle m'avait préparé quelques documents, photocopies d'ouvrages qui lui avaient paru intéressants pour mon travail. Elle me conseilla également de demander mon admission en résidence d'écriture à la Maison des Ailleurs, qui abritait l'ancien appartement de la famille Rimbaud.

Lors de ce rendez-vous, un aveu m'intrigua : Jacqueline disait ignorer où était enterré Frédéric, son arrière-grand-père.

Les Rimbaud reposaient à Charleville, dans le caveau familial : la mère, Arthur, les deux filles, Vitalie et Isabelle, l'époux de celle-ci, Paterne Berrichon, et aussi le père de la mère, Jean-Nicolas Cuif. Tous donc, sauf Frédéric. Dans la dernière *biographie de référence d'Arthur Rimbaud, publiée en 2001 par Jean-Jacques Lefrère, il était écrit ceci :*

« Nous ne sommes pas parvenus à découvrir où Frédéric Rimbaud – décidément banni par sa famille – avait été enterré. »

La formulation accréditait un peu plus encore la légende du vagabond, enseveli comme un chien, figure damnée, semblable à Elpénor, ce fidèle d'Ulysse condamné à errer aux Enfers tant que les derniers hommages des vivants ne lui auront pas été rendus.

Jacqueline paraissait sincèrement attristée de ne pas connaître le lieu de sépulture de son aïeul : « Je suis allée voir dans les cimetières de la région, je n'ai rien trouvé. Je pense quand même qu'on a mis Frédéric dans le caveau... Sa famille n'a pas été méchante à ce point-là », disait-elle, comme pour se persuader que son arrière-grand-père avait échappé à la pire des malédictions.

Je n'en étais pas certain. Et quand je contactai les archives municipales de Charleville, il me fut répondu que non, la dépouille de Frédéric Rimbaud ne pouvait pas se trouver dans le caveau, son nom ne figurant pas sur le registre.

Lors d'un nouveau séjour dans les Ardennes, je décidai donc de faire la tournée des cimetières : Attigny, Vouziers, Coulommes, Chuffilly-Roche. Longeant les allées rectilignes de ces petites parcelles, pareilles à des potagers pavillonnaires, où coexistaient de façon anarchique des tombes allant de la Révolution à nos jours.

Nulle trace d'une sépulture de Frédéric Rimbaud. Ce qui ne voulait pas dire qu'elle n'avait pas existé : la concession n'avait peut-être pas été renouvelée.

J'imaginai aussi que l'autre Rimbaud avait pu vouloir être inhumé à Dijon, près de son père capitaine, cet homme qu'il avait continué à admirer malgré la réprobation maternelle.

À tout hasard, je frappai à la porte de Dominique Teissier, un cousin de Jacqueline qui vivait à la périphérie d'Amagne, petite ville du coin, et à qui j'avais laissé plusieurs messages restés sans réponse. Lui aussi me dit ne pas savoir où avait été enterré son arrière-grand-père. À vrai dire, ce quinquagénaire au sourire las avait l'air de se ficher de cette histoire. Un peu naïvement, je lui demandai s'il avait conservé une lettre, un document paraphé par Frédéric Rimbaud, peut-être adressé à son frère. Il eut un rictus amer, me désignant de la main sa modeste maison : « Vous pensez que je vivrais encore ici si je possédais des choses comme ça ? »

Au bout du compte, mon unique chance de découvrir où avait été enterré Frédéric Rimbaud, c'était de prendre contact avec l'archevêché de Reims afin qu'ils me laissent consulter les registres paroissiaux de 1911, année de son décès. Après un bref échange téléphonique avec la responsable des archives, je lui adressai ce mail :

« À l'attention de madame COLLET

Chère Madame,
Suite à notre conversation téléphonique de ce matin, je vous détaille l'objet de ma recherche.

Depuis plusieurs mois, je prépare un ouvrage sur l'histoire de la famille d'Arthur Rimbaud. Dans ce cadre, j'essaie de savoir où le frère du poète, Frédéric Rimbaud, a été enterré. Il est décédé le 30 juin 1911 à Vouziers, à l'âge de 57 ans.

Aux archives départementales, les actes de catholicité ne vont pas au-delà de 1900. Et au presbytère d'Attigny, les registres paroissiaux ne commencent qu'en 1914.

Je voudrais donc savoir si vous avez conservé les registres paroissiaux de l'année 1911 pour les communes de : Attigny, Chuffilly-Roche, Rilly-aux-Oies (ou Rilly-sur-Aisne), Sainte-Vaubourg, Vouziers, Coulommes et Marqueny. C'est en effet très probablement dans l'un de ces villages que Frédéric Rimbaud a été inhumé.

En vous remerciant infiniment pour votre aide, veuillez agréer, chère Madame, l'expression de mes sentiments les meilleurs.

David Le Bailly »

Trois jours plus tard, Mme Collet me fit suivre l'acte de décès tant attendu. Il y avait bien un

M. RIMBAU, âgé de 50 ans (il en avait 57), qui avait été enterré en juillet 1911 – le jour n'était pas précisé – dans la commune d'Attigny.

Autrement dit, Frédéric Rimbaud fut inhumé à l'endroit où il avait vécu la plus grande partie de sa vie. Là où il avait exercé son métier de conducteur d'omnibus. Son décès fut annoncé dans tous les quotidiens régionaux, Le Petit Ardennais *ou* Le Courrier des Ardennes. *L'un d'eux,* L'Union de Vouziers, *évoqua même « la douloureuse surprise de la population ».*

Quand, tout excité, je téléphonai à Jacqueline pour lui annoncer ma découverte, elle acquiesça d'un air satisfait, mais sans paraître particulièrement bouleversée. De sa relative indifférence, je fus déçu.

Étais-je le seul être au monde à m'intéresser à la vie de Frédéric Rimbaud ?

Dépossédé

Tandis que Frédéric faisait paraître sa « protestation » dans *Le Courrier des Ardennes*, le même jour, le 27 décembre 1891, Isabelle, sa sœur, s'attribua officiellement la propriété des œuvres d'Arthur Rimbaud.

Une simple phrase, dans une lettre adressée à Louis Pierquin, un ancien camarade d'Arthur au collège :

« Je trouve au moins piquant que moi, à qui appartient maintenant la propriété de ses œuvres, j'ignore même ce que contiennent les livres vendus au public. »

Isabelle venait d'apprendre l'histoire du *Reliquaire*, ce recueil de textes rassemblés par le journaliste Rodolphe Darzens. Envers ce dernier, qui, pour son malheur, avait correspondu avec Frédéric, aucune indulgence ! La sœur s'opposerait de tout son être à la publication de son « enquête littéraire » sur Arthur, sous peine de saisie. Dieu seul savait ce que cet idiot de Frédéric avait bien pu lui raconter.

À l'avenir, pour obtenir l'imprimatur d'Isabelle, l'autre Rimbaud ne devrait ni s'exprimer ni apparaître.

« En fait de biographie, dit-elle dans ce même courrier, je n'admets qu'un thème : c'est le mien. »

D'Arthur, ce frère qu'elle avait veillé jusqu'à sa mort, l'homme, selon elle, « le plus honnête, le plus intelligent et le meilleur que la terre ait jamais porté », de cet homme, donc, qu'elle avait pansé, soigné, lavé, bercé, Isabelle découvrait à présent un visage qui lui avait été caché, et celui-ci lui apparut terrifiant : un hérétique, un blasphémateur, un prêcheur qui avait revendiqué l'idolâtrie, l'amour du sacrilège. Elle se mit en tête de lire tout ce qu'il avait écrit, réclamant sans cesse qu'on lui envoyât de nouveaux textes, des lettres, des poèmes. Et à la fois par sensibilité et par intérêt – préserver la réputation de la famille –, elle voulut se persuader, et persuader le monde autour d'elle, que les textes d'Arthur Rimbaud étaient avant tout « les rêves exaltés d'un enfant de quatorze à dix-huit ans », « les élucubrations poétiques écloses à un âge où le jugement d'un jeune homme ne pouvait être formé ».

Cette femme de trente et un ans, aux allures de vieille fille, sans enfants, sans époux, qui toujours avait vécu attachée à sa mère, au fond de cette partie ingrate de la campagne ardennaise, venait de trouver une mission. Et à sa vie, jusque-là terne et monotone, un sens. Elle se considérerait désormais comme seule dépositaire des pensées et des sentiments d'Arthur Rimbaud. Par un étrange concours de circonstances, la voilà qui échappait à un destin qui pourtant semblait inexorable : administrer, seule, été comme hiver, et jusqu'à la fin de ses jours, l'héritage des Cuif, centaines de parcelles disséminées autour de Roche. Marcher sur les pas de la mère, donc, mais sans la joie d'une descendance. La découverte de la poésie, ses échanges avec les premiers admirateurs d'Arthur Rimbaud, allaient être sa chance. Et elle s'en saisirait, avec allégresse et détermination. S'éloignant du vulgaire – les fermiers du Vouzinois – qui ne comprenait rien aux poèmes de son frère ; et de sa mère, qui exécrait toute forme de littérature.

À cette catholique fervente, le mensonge ne faisait pas peur. Elle commença à tisser autour de la figure d'Arthur une histoire sacrée, le roman d'un prophète :

« À ses derniers jours, il ne fut plus un homme, un malade, un mourant : il fut un saint, un martyr, écrivit-elle dans une autre lettre à Louis Pierquin. De ses lèvres ne sortaient plus que des paroles de résignation, d'espérance religieuse, de prières ; et il exprimait ses sentiments avec des termes tellement angéliques, tellement immatériels, que je ne crois pas que personne, même parmi les saints, ait jamais eu une fin plus édifiante. »

Cependant, ils existaient bel et bien, ces textes de jeunesse qui venaient démentir la légende qu'elle voulait imposer. Ces textes qui renfermaient, regrettait-elle, « un détestable esprit politique et irréligieux ». Ces textes qu'elle aurait voulu voir supprimer. Aussi, quand l'éditeur Léon Vanier entreprit de réunir et de publier les œuvres complètes d'Arthur Rimbaud, Isabelle fit une proposition :

« Une partie de ces poésies expriment des idées et des sentiments dont l'auteur devenu homme, et homme honnête et sérieux, a eu honte et regret. Voilà ce que j'ai pensé. On pourrait faire un choix, supprimer et modifier quelques morceaux ; le reste est si joli qu'il serait peut-être encore publiable. Si mon idée est pratique et si la tâche que vous vous proposez ne vous effraie pas, peut-être pourrait-on s'entendre. »

Isabelle Rimbaud était restée une paysanne. Elle marchandait le contenu d'un livre comme elle marchandait le prix d'un fermage. Mais on ne découpait pas un poème comme on découpait un lopin de terre. Vanier refusa. Furieuse, Isabelle répliqua :

« Non, je ne consentirai jamais à une nouvelle édition complète des vers de mon cher et honnête Arthur. Non seulement j'ai le droit d'opérer ce que

M. Vanier appelle une mutilation, mais c'est mon devoir le plus strict. »

L'amour de sa vie, c'était Arthur, seul homme qu'elle eût jamais approché et couvert de baisers. Son homme, son enfant. Dieu avait voulu que sa tâche, sur cette terre, fût de le protéger des calomnies, et aussi de ses propres écrits. Alors, elle serait intransigeante. S'opposant énergiquement à la publication des « Premières communions », souhaitant « que l'on supprimât les trois morceaux intitulés : "Le Forgeron", "Michel et Christine", "Paris se repeuple", qui semblent exprimer des idées révolutionnaires. Il est évident, en effet, expliqua-t-elle, qu'Arthur Rimbaud, emporté par l'élan d'une générosité exaltée, avait fait, encore enfant, entre 14 et 16 ans, un rêve splendide d'égalité universelle. Il était trop intelligent pour ne pas s'apercevoir promptement de son erreur. Dès son premier contact avec le monde il découvrit bien vite que les doctrines socialistes n'ont exclusivement que deux sortes d'adeptes : les dupeurs qui exploitent leurs partisans, et ceux-ci, des imbéciles qui se laissent duper. »

Mais Léon Vanier était au moins aussi têtu. Cet homme, qui avait commencé comme commis à l'âge de quinze ans, s'était fait un nom en relançant la revue *Les Hommes d'aujourd'hui*. Installée sur le quai Saint-Michel, sa librairie était devenue un point de ralliement pour tout ce que Paris comptait de littérateurs talentueux, Huysmans, Mallarmé, Jules Laforgue ou encore Verlaine.

« Que la famille Rimbaud le comprenne bien, écrivit Vanier au même Pierquin, c'est une œuvre littéraire que nous entreprenons là, et qui nous donnera plus de mal que de bénéfices. Combien sont-ils ceux qui achèteront notre volume ? Cinquante au plus ! »

Chez Isabelle, l'orgueil de faire publier l'œuvre d'Arthur l'emporta, au fil des années, sur les craintes qu'elle avait eues après sa mort. À la fin du mois de septembre 1895 parurent les *Poésies complètes* d'Arthur Rimbaud. La préface était signée de Paul Verlaine, qui allait mourir trois mois plus tard. L'ouvrage contenait tous les textes choisis par Vanier. Vaincue, Isabelle Rimbaud obtint néanmoins de celui-ci, qui tenait à conserver avec elle de bonnes relations, l'insertion d'une note qu'elle rédigea ainsi :

« Quelques pièces : Les Premières Communions, le Forgeron, Michel et Christine, Paris se repeuple, non les meilleures, expriment des idées et des sentiments absolument contraires à ceux que son auteur eut dans la seconde période de sa vie qui fut toute différente de son orageuse jeunesse, car Arthur Rimbaud mourut comme un saint avec une foi convaincue et des épanchements d'un mysticisme étonnant, disait le prêtre qui l'a assisté. »

*

Émile Rimbaud acheva sa vie un dimanche de janvier. Il allait avoir trois ans. Il fut inhumé le lendemain, au cimetière d'Attigny, par l'abbé Sacré, celui-là même qui l'avait baptisé au domicile de ses parents. De voir ce petit corps éteint, les yeux à jamais clos, Frédéric avait été pris d'un remords effroyable. Il était tombé à genoux devant son berceau, avait maladroitement posé sa grosse tête sur sa dépouille, et s'était mis à sangloter.

« Pardon ! Pardon ! », marmonna-t-il, la poitrine secouée de tremblements.

Puis il avait prié, pour la première fois depuis des années.

« Adieu mon fils, adieu, que Dieu t'accueille mieux que nous ne l'avons fait. »

Blanche, elle, n'avait pas versé une larme. Secs, ses yeux et son cœur. La jeune femme était convaincue qu'Émile, à l'air de la campagne, aurait pu être sauvé. Elle reprochait à son époux de ne pas avoir su les protéger, eux, ses gosses, sa famille, des sortilèges de la mère. Émile avait été envoûté, croyait-elle, par la veuve Rimbaud, qui avait subtilisé son esprit. Sa vengeance après son humiliation devant la cour d'appel de Nancy. Frédéric affectait de se moquer – « tu dérailles ! » –, mais à vrai dire, il n'en était pas tout à fait certain.

Incapable de s'occuper des enfants, ne supportant plus de croupir dans ce logis où tout lui rappelait le calvaire de son fils, Blanche partait de plus en plus souvent, de plus en plus longtemps. Les uns disaient qu'ils l'avaient vue l'autre soir, au

Canon Pacifique, en train de danser, passant de bras en bras. D'autres prétendaient l'avoir surprise, à l'aube, sortant de chez le pharmacien. Toujours, on finissait par la retrouver à Coulommes, chez ses parents, ou chez son frère, Cyrille. Frédéric et elle ne se parlaient plus. Cette femme pour qui il avait tout risqué – situation, héritage, réputation – était à présent une étrangère. À ses questions, à ses interpellations, elle ne répondait pas. Et quand il insistait, elle le rabrouait, ou bien le scrutait avec un sourire amer. Un soir, près du poêle, après avoir renversé un broc de vin qui s'était fracassé contre le sol, elle s'était mise à hurler, à se taper la tête contre un mur.

Ses copains Armand et Émile lui dirent peu ou prou la même chose : « Tu ne devrais pas être si gentil, elle va te rendre fou. » Mais c'était trop tard. Les protestations de Frédéric ne récoltaient que sarcasmes. Il eût voulu lever la main sur elle, lui montrer qu'on ne se moquait pas ainsi du chef de famille, mais il n'était pas de cette race-là. Qu'en avait-il fait, de ce regard plein d'admiration, de ce regard que jamais une femme n'avait eu pour lui, de ce regard qui lui avait donné la force d'aller au bout de ce fichu procès, et de le gagner par-dessus le marché ? Dix ans maintenant. On ne vivait pas d'amour et d'eau fraîche, non. Quel naïf il avait fait ! Une bonne poire, voilà ce qu'il était. Lui aussi, il avait commencé à dérailler. L'autre soir, il était rentré à pas d'heure, ivre. Blanche n'était pas là. Les gosses étaient restés debout, affamés – Léon s'était coupé avec des ciseaux, il pissait le sang –, et tous, ils l'avaient vu rendre tripes et boyaux. Le lendemain, il s'était endormi sur sa calèche : Bijou et Cocotte avaient tiré tout droit à travers la prairie. Heureusement, il n'y avait aucun passager, et, *in extremis*, il avait évité la culbute.

Un matin, Blanche avait quitté la maison. Sans un mot, ni pour lui ni pour les gosses. Frédéric pleura son amour perdu, et plus encore l'abandon de la mère de ses enfants : Émilie, Léon et Nelly étaient dorénavant des orphelins.

Les mots de la veuve Rimbaud, à Nancy, résonnèrent à nouveau : « Ça ne lui portera pas bonheur. »

Qu'avait-il mal fait ?

Pourquoi cette impossibilité de se lier à un autre sang ? Cette impuissance. Comme si, dans cette fratrie, tous avaient été condamnés au repli, à la solitude. On leur avait inculqué la rigueur, la discipline. Mais de gestes de tendresse, de caresses, de baisers, ils n'avaient rien reçu, rien vu. Longtemps, l'amour leur était resté un monde inconnu, et quand ils l'avaient découvert, ce fut à la manière de pauvres aveugles : tâtonnant, main tendue comme des mendiants, sans cesse se cognant.

« Ce qui fait ma supériorité, c'est que je n'ai pas de cœur », avait longtemps fanfaronné Arthur.

En réalité, les enfants Rimbaud étaient des infirmes, des éclopés.

Frédéric n'avait pas oublié la promesse d'Isabelle.

« Si vous êtes dans le besoin, si l'argent vient à manquer, nous serons là, maman et moi, je le jure devant Dieu. »

Ce jour-là était arrivé. Il se rendit donc à Roche, et rencontra Isabelle, la mère refusant toujours de lui parler.

Blanche est partie, lui apprit-il, elle a laissé les enfants.

Ce n'était pas la confidence d'un frère à une sœur. C'étaient les premiers aveux, ceux qu'on faisait au commissaire, avant d'être déféré devant un juge. Oui, il s'était trompé, dut-il admettre. Oui, la mère et la sœur avaient eu raison : jamais il n'aurait dû épouser cette femme. C'était un mariage idiot.

« Il faut couper les liens, décréta Isabelle. Définitivement. »

L'autre Rimbaud, lui, rêvait d'un retour de Blanche. Il était allé voir son copain Ernest, avant son départ dans la Marne. L'aîné des Justin, l'ancien garde champêtre, l'avait rassuré :

« Ma sœur, elle a toujours eu une araignée au plafond, mais elle finira par revenir. Ses gosses, c'est tout ce qu'elle a. »

Frédéric avait laissé passer l'été. Mais en septembre, toujours aucun signe de vie. Alors, il était allé à Coulommes, chez ses beaux-parents.

« Blanche est à l'intérieur, elle dort, prétendit Esther, sa mère, qui n'avait pas voulu le faire entrer. C'est pas contre toi, hein, mais elle est trop faible pour te voir. »

Frédéric s'était assis sur un banc, adossé à cette bâtisse en vieilles pierres. Il avait fixé l'horizon, laissant couler quelques larmes, tandis qu'un chien aboyait sur un troupeau qui passait devant lui. Puis, après s'être juré de ne plus jamais pleurer à cause de Blanche, il était reparti, titubant comme un poivrot.

Aujourd'hui encore, il espérait. Mais pouvait-il attendre plus longtemps ? Il avait mis les enfants en pension. C'était plus de mille francs l'année.

Divorcer ? La loi l'autorisait à présent. Mais dans les campagnes, ces choses-là n'arrivaient presque jamais. Les curés n'aimaient pas ça, et les gens non plus, c'était une source de désordres, de drames, de déchirements. Et Frédéric était de cet avis. La mère et la sœur, en revanche, avaient sauté sur l'occasion. Rompre tout lien avec ces horribles Justin, clamer au monde entier – c'est-à-dire au canton d'Attigny – que ce mariage avait été une erreur, réparer l'affront subi à Nancy, et montrer à ces magistrats de la cour d'appel qu'ils avaient eu bien tort de ne pas les écouter. Et si, en tant que catholiques, elles étaient farouchement opposées au divorce, en ce qui concernait Frédéric, elles s'étaient arrangées avec leur conscience : un cas de force majeure, péché peut-être – mais n'était-ce pas le prix à payer si elles voulaient sauver ces trois malheureux enfants ? Oui, elles étaient prêtes à s'en justifier, s'il le fallait, auprès de ce Dieu dont elles ne doutaient pas un instant de la miséricorde.

Alors, à court d'argent, Frédéric abdiqua.

Le mardi 2 octobre 1894, dans *Le Petit Ardennais*, un avis fut publié en dernière page :

« M. Rimbaud d'Attigny prévient le public qu'il ne paiera pas les dettes que pourrait contracter sa femme, née Blanche Justin, qui a quitté le domicile conjugal. »

Quatre mois plus tard, le mercredi 13 février 1895, le tribunal de Vouziers prononça le divorce entre Frédéric Rimbaud et Blanche Justin, à la requête et au profit du premier. Les enfants étaient confiés à la garde du père, et Blanche, qui ne s'était pas déplacée, dut s'acquitter des frais de procédure.

En apparence, le jugement rétablissait l'honneur de Frédéric. Blanche avait abandonné le foyer : les torts étaient de son côté. En réalité, ce verdict signait sa débâcle. Lui qui, pour échapper à l'emprise de la mère, avait engagé dix ans plus tôt une terrible bataille judiciaire se voyait ramené à sa condition de fils. Ses gosses, ce n'était pas lui qui allait s'en occuper, mais les deux femmes qu'il haïssait le plus au monde.

Dépossédé de ses droits sur l'œuvre de son frère, Frédéric devait maintenant renoncer à son rôle de père. Il avait quarante-deux ans, en faisait dix de plus. Le front s'était dégarni, la silhouette avachie. Ses yeux avaient perdu toute lueur de joie.

La mère et Isabelle décidèrent d'envoyer les enfants à Reims, dans des orphelinats catholiques : Émilie et Nelly à Saint-Rémi, institution tenue par les filles de la Charité de Saint-Vincent-de-Paul ; et Léon à Bethléem, établissement qui se donnait pour mission de « réformer des natures vicieuses, [de] faire de jeunes garçons plus ou moins enclins au mal, des citoyens et de bons ouvriers ».

Ce voyage à Reims, dans une carriole, avec leur grand-mère et leur tante, Émilie, Léon et Nelly ne l'oublièrent jamais. À ces « enfants du crime » – c'est ainsi qu'elle les appelait –, la mère ne daigna pas adresser un mot. Par la suite, chaque année, avant le Nouvel An, à cette vieille dame en noir, les enfants devaient écrire une lettre qui commençait par ces mots : « Chère bienfaitrice... »

Dans les mois qui suivirent, Isabelle adressa ce courrier à la directrice de Saint-Rémi :

« Excusez-moi si je prends la peine de vous écrire. Je vous serais obligée si vous vouliez bien me donner quelques nouvelles des deux petites filles que je vous ai confiées le 12 novembre dernier, Émilie et Nelly Rimbaud. Êtes-vous contentes d'elles ? Elles ont été si mal élevées qu'il m'est permis d'en douter. Espérez-vous pouvoir les corriger de leurs défauts et des mauvaises habitudes qu'elles ont pu contracter ? Et sous le rapport matériel, ne leur manque-t-il rien ? Je vous prie, Madame, de vouloir bien me mettre au courant de tout ce que vous avez déjà pu remarquer de bon ou de mauvais en ces deux enfants ; et soyez bien assurée que je vous suis et vous serai toujours infiniment reconnaissante pour tous les soins intellectuels et physiques que vous leur prodiguerez. Veuillez agréer, Madame, l'expression de mon respect et mes meilleurs sentiments. »

Émilie, Léon et Nelly ne revirent jamais leur mère, cette femme que leur père avait épousée envers et contre tout. Blanche Justin s'éteignit quelques années après, le 8 février 1901, à l'âge de trente-quatre ans. Les raisons de son décès nous sont restées inconnues.

Frédéric continua à aller voir ses enfants à Reims, deux à trois fois par an. Jusqu'à sa mort, dans les actes de la vie courante, l'autre Rimbaud se définirait comme « veuf de madame Blanche Justin ».

Comme s'il n'avait jamais admis le divorce auquel sa famille l'avait obligé.

*

Isabelle avait réussi. Elle avait vaincu la mère, ses réticences, ses objections. Elle avait obtenu, elle, le droit de se marier. Décidément, de la fratrie Rimbaud, la petite dernière était bien la plus habile.

L'élu était un littérateur, et sculpteur aussi, du nom de Pierre-Eugène Dufour. Ses œuvres cependant, il les signait Paterne Berrichon, en hommage, disait-il, à ses origines – il était né à Issoudun, dans l'Indre. Depuis qu'il avait découvert Arthur Rimbaud, ce Berrichon, donc, ne jurait plus que par lui, et s'était mis à écrire à son sujet toutes sortes d'études et d'articles dithyrambiques. C'était ainsi qu'avec Isabelle s'était nouée une relation épistolaire. Il n'était pas grand, portait une longue barbe qui cachait un visage aux traits épais ; ventru, il ne quittait jamais son parapluie et, détail important, il était bègue.

Afin de se renseigner sur ce gendre éventuel – honneur, morale, probité –, la mère s'était adressée à la terre entière. Jusqu'à solliciter Stéphane Mallarmé en personne – un ami de Berrichon –, prétendant admirer « plusieurs de ses livres ».

Isabelle était rusée, certes, mais elle avait aussi eu de la chance : Berrichon lui avait demandé sa main sans jamais l'avoir vue. Qu'en aurait-il été autrement ? Si Isabelle ne s'était jamais distinguée par sa beauté, les marques du temps l'avaient relativement épargnée. Elle avait conservé sa figure ronde, avec un nez légèrement retroussé, un grand front et des yeux clairs tirant sur le mauve.

« Pour moi, le physique de mademoiselle Isabelle est nécessairement beau », écrivit Berrichon à la mère.

Flagorneur !

Drôle d'oiseau, celui-là, qui fut tour à tour peintre, poète, conspirateur, anarchiste, critique d'art. Dans sa jeunesse, irascible, grandiloquent, coléreux ; à présent, lyrique et obséquieux.

M. Berrichon aspirait désormais à une belle situation, à une vie bourgeoise, et un mariage avec la sœur d'Arthur Rimbaud lui semblait une opportunité à ne pas rater. Pensez donc : une femme de trente-six ans, sans enfants, plutôt intelligente, bien dotée, et surtout propriétaire d'une œuvre littéraire appelée à devenir l'une des plus rayonnantes – et donc des plus lucratives – au monde ! Voilà de quoi lui faire passer le goût de la vie de bohème, lui, l'ancien ami de Verlaine, qui, depuis toujours, quémandait à droite à gauche de quoi finir le mois.

Alors, pour obtenir le bien tant convoité, Berrichon y mit tout son cœur, suppliant la mère, qu'il se mit à appeler « Maman » !

« Oui, je vous en prie ; favorisez notre union, bénissez-la ! Et que votre grande expérience de la vie, votre miséricorde daignent se pencher sur nos cœurs douloureux d'anxiété. Si vous saviez comme nous vous serons reconnaissants et combien, pour cela, nous vouerons de caresses attentives et dévouées à votre vieillesse, que nous rendrons ainsi radieuse ! »

Ah, c'était mal la connaître, la veuve Rimbaud ! Avec elle, ce genre de salamalecs, ça ne prenait pas. Berrichon était encore un de ces maudits écrivaillons sans situation ni fortune. Ne parlons pas de sa réputation de libertin, dans sa jeunesse, et de son casier judiciaire, des condamnations en veux-tu en voilà : refus d'obéissance, insoumission, outrages envers les agents de la force publique.

Elle s'opposa donc au mariage.

Mais Isabelle était au moins aussi obstinée que Frédéric l'avait été dix ans plus tôt. Elle aimait la prose de Berrichon – « vous vous exprimez comme un vrai séducteur de lettres que vous êtes », lui avait-elle écrit, cernant déjà l'allié dont elle aurait besoin. À la gloire d'Arthur, il manquait un Évangile : Berrichon serait son auteur.

Et puis cet homme avait tant à lui apprendre, croyait-elle, et c'était une autre chance, une nouvelle fois inespérée, de s'extraire de sa terre, de Roche, de s'affranchir enfin de la présence étouffante de la mère, sans cesse derrière son dos, à contrôler qui elle voyait, ce qu'elle disait, à qui elle écrivait.

Entre les deux femmes, cloîtrées dans un appartement de la place Carnot, à Charleville, où elles venaient d'emménager – la mère avait mis la ferme en location –, les disputes furent terribles, sournoises ; ressurgirent de vieilles querelles sur l'argent laissé par Arthur à sa mort. Vingt ans qu'elles vivaient en vase clos, semblables et féroces. Façonnée par la mère comme un prolongement d'elle-même, presque un double, aussi méfiante, aussi avare, Isabelle entendait maintenant échapper à sa créatrice. Elle menaça : la mère voulait-elle recommencer la même comédie qu'avec Frédéric ? N'en avait-elle pas eu assez, de ces exploits d'huissiers, de ces visites de notaires, de ces jugements, de ces appels, de ces condamnations ? N'était-il pas temps, à son âge – elle venait d'avoir soixante-douze ans –, de laisser ses enfants mener la vie qu'ils voulaient ?

Une rencontre fut organisée. Flageolant comme un assassin sur le point de confesser son crime, Berrichon se présenta au domicile de celle dont il espérait devenir le gendre. Il avait enfilé son habit de velours, très sculpteur parisien. L'appartement était sombre (c'était la fin de la journée), mal fichu. Une domestique lui avait ouvert. Isabelle n'avait pas été autorisée à assister à l'entrevue.

La mère attendait dans un petit salon, assise près de la fenêtre dans un fauteuil au tissu élimé. Elle le toisa, ne lui dit pas bonjour ni ne l'invita à s'asseoir. Un autre fauteuil, similaire au sien, semblait pourtant avoir été disposé à son intention. Berrichon nota son visage ridé, sa peau rougeaude. Assez vite, il eut envie d'uriner, mais il savait que c'était à ce genre de détails – l'envie d'uriner dans une situation pareille – qu'une femme comme Vitalie Rimbaud, veuve de capitaine, pouvait reprocher à un homme son manque de maîtrise. Il s'abstint donc de lui demander où se trouvait la salle d'eau, essayant de se retenir autant qu'il le pouvait, sa position debout accentuant la difficulté de l'exercice. La domestique, qui n'avait pas dix-huit ans, vint lui proposer une tasse de thé, mais il jugea plus prudent de décliner. La veuve, elle, semblait absorbée par le spectacle de la rue, jetant de temps à autre un œil sur son hôte. Il va sans dire qu'à Berrichon, qui ne pouvait pas prendre l'initiative de lancer la conversation – c'eût été perçu comme un manque de savoir-vivre –, le moment parut interminable.

Puis, tandis que des gouttes commençaient à

perler sur son front, le prétendant fut soudain soumis à un feu de questions : revenus réguliers ? gains exceptionnels ? épargne ? situation patrimoniale ? rentes ? Il essaya de donner le change.

« Rien que pour l'année en cours, j'ai sept mille francs d'a-da-da-da-ssurés. Et je ne compte-compte pas, mon entrée plus que pro-pro-pro-probable dans un grand jour-jour-jour-nal. À raison d'un article par semaine, cela me vaudrait cinq cents-cinq cents-cinq cents francs par mois, six mille francs par an. »

À la mère, tout ça paraissait flou, fumeux. Cela manquait de certitudes. « J'espère qu'il n'écrit pas comme il parle, sinon c'est la banqueroute », pensa-t-elle.

Elle l'interrogea sur sa foi ; du bout des lèvres, il concéda ne pas croire. Rictus de la mère.

« Il faut les envoyer paître, ceux qui ne croient pas en Dieu, songea-t-elle, puisqu'ils n'ont ni cœur, ni âme, les envoyer paître avec les vaches et les cochons, ce sont leurs égaux. »

Non, décidément, elle ne l'aimait pas ce

Berrichon. Mais il fallait croire que l'énergie lui manquait pour se battre. Ou bien qu'elle s'était accoutumée à la perspective de finir ses jours seule.

De guerre lasse, elle donna son consentement.

Le mariage eut lieu le mardi 1er juin 1897, jour du trente-septième anniversaire d'Isabelle. Chacun des mariés eut droit à six invités.

Frédéric n'en fit pas partie.

L'union fut célébrée par le maire de Charleville, par un prêtre, et par Arthur Rimbaud lui-même. L'après-midi, une visite avait en effet été organisée sur sa tombe. Ce fut une journée agréable, malgré le temps couvert.

La veille, Pierre-Eugène Dufour et Isabelle Rimbaud étaient passés chez le notaire. Si l'époux déclara un apport de sept mille francs – dont six mille d'hypothétiques droits d'auteur –, celui d'Isabelle s'élevait à près de cinquante mille francs (la maison de Roche, quelques terrains, des emprunts d'État, français et russes).

En revanche, nulle trace, dans le contrat de

mariage, de droits relatifs aux œuvres d'Arthur Rimbaud.

*

Et Frédéric dans tout ça ? Un autre homme venait d'entrer dans la famille. Un homme qui, en quelque sorte, se substituait à lui. Un homme qui allait donner une diffusion considérable à la légende sanctificatrice imaginée par Isabelle.

Le 10 novembre 1897, au Mercure de France, paraissait la première biographie d'Arthur Rimbaud, signée Paterne Berrichon. Dès le début, le ton était donné :

« À l'heure même de sa naissance, on venait de lui dispenser les soins premiers dus aux nouveau-nés : le médecin accoucheur constata avec étonnement qu'il avait déjà les yeux grand ouverts. Et, comme la garde-malade chargée de l'emmailloter l'avait posé sur un coussin à terre, pour aller chercher quelque détail du maillot, on le vit, avec non moins de stupéfaction, descendre de son coussin et se diriger à quatre pattes, en riant, vers la porte de l'appartement donnant sur le palier. »

Frédéric s'en foutait bien, de la prose boursouflée de cet homme qui n'avait pas connu Arthur – jamais celui-ci n'aurait pu souffrir un beau-frère de la sorte ! – et qui cependant en parlait comme s'il avait religieusement recueilli ses selles chaque matin de sa vie. Arthur lui avait échappé. Il avait aussi échappé à la mère, déboussolée par une effervescence qu'elle ne comprenait pas – elle venait de molester un historien qui s'était déplacé à Roche pour la voir.

Isabelle avait pris la place, elle l'occupait avec majesté, et, à ses côtés, le prince consort griffonnait ce qu'elle lui dictait, brossant le portrait d'un être au cœur pur qui « éprouvait la plus grande répulsion pour l'œuvre de chair ». Couple de faussaires qui prospérait sur une œuvre, sur un mythe, trompant le public sur l'homme véritable qu'avait été Arthur.

Après la biographie, ce fut au tour des lettres du poète d'être publiées. La quasi-totalité avait été modifiée, réécrite. Ses gains financiers à Aden furent multipliés par quatre : pas question que le grand homme apparût sous les traits d'un employé modeste, aux revenus dérisoires, échoué dans ces contrées lointaines faute d'avoir pu trouver en France une place convenable. Il se devait d'avoir été un homme d'affaires prospère, un négociant important.

Quant aux passages concernant Frédéric, ils furent tout simplement supprimés.

De l'histoire du poète, l'autre Rimbaud disparaissait corps et biens.

*

Réécriture de l'histoire ; main basse sur les droits d'auteur.

Au début de l'année 1898, tandis que les milieux littéraires se déchiraient autour de l'affaire Dreyfus – Zola venait de faire paraître son « J'accuse… ! » –, Isabelle Rimbaud et son époux se rendirent au siège du Mercure de France, rue de Condé, près de l'Odéon, à Paris. Ils y rencontrèrent son directeur, Alfred Vallette. La notoriété d'Arthur Rimbaud dépassait à présent le cercle des initiés. Des auteurs de toutes les générations – André Gide, Paul Valéry, Anatole France, Jules Renard ou Paul Claudel, pour ne citer que les plus célèbres – découvraient, émerveillés, *Une saison en enfer*, ou *Les Illuminations*, cette prose qui venait dynamiter les conventions du langage. La question des droits d'auteur devenait cruciale. Entre Vallette (qui, plus tard, encadrerait son bureau des bustes de Rimbaud et de Verlaine) et la sœur du poète, un accord fut trouvé. Jusqu'à la fin de la Grande Guerre, les sommes en jeu restèrent cependant modestes.

À Vallette, qui l'interrogea sur les arrangements prévus avec son frère, Isabelle répondit qu'elle seule avait qualité pour disposer des œuvres d'Arthur Rimbaud.

« Frédéric, pour des raisons de famille, a renoncé à ses droits », dit-elle.

Isabelle avait menti évidemment. L'autre Rimbaud ignora tout de la transaction avec le Mercure de France.

*

Les Dufour s'étaient installés dans le seizième arrondissement de Paris, dans le quartier d'Auteuil. Ils étaient loin toutefois de mener grand train. Berrichon avait du mal à placer ses écrits, et le Mercure de France ne payait pas toujours à l'heure dite. Quant aux *Œuvres de Jean-Arthur Rimbaud*, elles ne s'étaient pas vendues.

« On ne pense guère à lire avec toutes ces sales affaires de procès », enrageait Isabelle, allusion aux rebondissements de l'affaire Dreyfus qu'elle suivait dans *La Libre Parole*, le quotidien antisémite d'Édouard Drumont. Peut-être aussi jalousait-elle un autre poète, Edmond Rostand, dont la pièce, *Cyrano de Bergerac*, faisait un triomphe au Théâtre de la Porte Saint-Martin.

La mère continuait donc à envoyer quelques subsides à sa fille, regrettant quand même que son gendre ne fût pas fichu d'écrire « quelque bon petit roman, qu'il trouverait à placer dans un honnête journal ».

*C*omment *reconstituer la vie de Frédéric Rimbaud ? Les sources écrites étant peu nombreuses, et ses arrière-petits-enfants disant ne rien savoir, je m'étais mis en tête de chercher du côté des Justin, et plus précisément de leurs descendants.*

Blanche, l'épouse de Frédéric, avait eu une flopée de frères et sœurs. En épluchant les registres d'état civil, j'identifiai ceux dont elle avait été proche, dressai des dizaines d'arbres généalogiques, essayant de retracer chaque lignée jusqu'à aujourd'hui. Ce fut laborieux – Justin est un patronyme très répandu –, et la plupart du temps, j'échouai.

Découragé, je fus sur le point de renoncer, quand je découvris qu'Ernest, le frère aîné de Blanche, deux ans après la mort de celle-ci, avait donné ce même prénom à sa fille. En hommage à sa sœur, imaginai-je.

Cette deuxième Blanche Justin, née en 1903 à Pontfaverger, dans la Marne, avait dû connaître, du moins je le supposais, l'histoire entre Frédéric Rimbaud et la tante disparue dont elle avait hérité du prénom. Et je me figurai que cette histoire, elle l'avait peut-être, à son tour, transmise à ses enfants.

Un vendredi matin, à la mi-février, le jour venait de se lever, je me rendis donc à la mairie de Pontfaverger, gros bourg à une vingtaine de kilomètres de Reims. Sur une petite table, dans un hall un peu sombre, on me laissa consulter les registres d'état civil. Je pus ainsi établir les grandes étapes de la vie de cette Blanche Justin n° 2. Ce fut d'autant plus facile que cette femme resta sa vie entière à Pontfaverger, où elle mourut en 1976. Entre-temps, elle avait épousé en 1923 un certain Charles-Pierre Haguenin, de qui elle eut trois filles : Huguette, née en 1925, Mercédès, née en 1932, et Bernadette, née en 1938. Cette dernière s'était mariée, également à Pontfaverger, avec un électricien du nom de Germeck Gral. Elle venait de mourir, mais avait laissé un fils, Philippe Gral. Ce fut avec lui que je pris contact.

Exposer l'objet de mon appel n'était pas simple, et je pensais me faire raccrocher au nez, tant cette histoire, telle que je m'entendais la raconter, me paraissait abracadabrantesque :

« Il se trouve qu'Arthur Rimbaud avait un frère, Frédéric. Que celui-ci fut marié à une femme du nom de Blanche Justin. Or, d'après mes recherches, cette Blanche Justin était la tante de votre grand-mère, qui elle aussi s'appelait Blanche... Étiez-vous au courant ? »

Après m'avoir répondu sèchement, l'homme sembla agréablement surpris.

« Pas du tout, vous me l'apprenez. Malheureusement, je ne peux pas vous aider. Ma mère ne m'a jamais parlé de cette histoire.

– Et vos tantes, Mercédès et Huguette, peut-être sont-elles au courant ?

– Oui, mais on ne se voit plus du tout. Essayez de les appeler directement. »

Je téléphonai d'abord à la fille d'Huguette.

« *Ma mère est dans une maison de retraite, dit-elle. Elle n'est pas en état de vous parler. Mais je n'ai jamais entendu parler d'un lien avec Arthur Rimbaud. Si elle me dit quelque chose d'intéressant, je vous rappellerai.* »

En réalité, questionner ces gens sur leur parenté avec Arthur Rimbaud était stupide. Au début du siècle dernier, personne, dans la famille Justin, n'avait pu entendre parler de celui-ci (sa notoriété viendrait bien plus tard).

Restait une dernière carte, celle de Mercédès, domiciliée en Seine-et-Marne. Cette femme avait quatre-vingt-sept ans. Elle décrocha directement. Oui, elle avait gardé, me dit-elle d'une voix faible, quelques souvenirs de son grand-père, Ernest, l'ancien garde champêtre, l'ami de Frédéric, le frère de Blanche nº 1 et le père de Blanche nº 2.

J'orientai mes questions sur le prénom de sa mère.

« *Vous a-t-elle dit pourquoi on l'avait appelée Blanche ?*

– *Ah non...*
– *Saviez-vous qu'elle avait eu une tante, la sœur de votre grand-père, qui portait le même prénom ?*
– *Non...*
– *Cette femme avait épousé un homme qui s'appelait Frédéric Rimbaud, il était conducteur d'omnibus à Attigny.*
– *Ah...*
– *Et c'était aussi le frère d'Arthur Rimbaud, le poète...*
– *Ah bon... »*

Insister était inutile : la mémoire des Justin s'était perdue, et contre ça, il n'y avait rien à faire. Peut-être à cause des mœurs de l'époque – les parents se confiaient peu à leurs enfants. Peut-être à cause de celles d'un milieu social où l'on n'avait guère le loisir de s'interroger sur ses origines.

Pourquoi s'acharner à retrouver la trace des Justin ? Pourquoi dépenser autant de temps, d'énergie, afin de reconstituer des généalogies qui, en fin de compte, n'avaient quasiment aucune chance *d'aboutir à un résultat intéressant ? Parce que j'avais toujours pensé que la clé, pour comprendre la vie de Frédéric Rimbaud, c'était son mariage. Cet acte de rébellion, ce refus de se plier aux ordres de la mère, ce qui l'avait conduit à rompre avec elle, et avec sa famille. Les Justin, eux, avaient dû quitter Roche, et cette histoire les avait probablement éprouvés.*

Le récit de ce conflit, je le lisais toujours du point de vue des Rimbaud. Et j'étais agacé de sentir, chez les spécialistes du poète, une complaisance pour la mère qui, avec l'appui d'Arthur, avait interdit à Frédéric de se marier avec la femme qu'il aimait. Pour ceux-là, l'autre Rimbaud était un « idiot » – la preuve étant qu'Arthur l'avait écrit –, et, banni jusqu'à sa mort, ce « raté » n'avait eu, au fond, que ce qu'il méritait.

Ces dernières décennies, quelques auteurs avaient entrepris de réhabiliter la figure de Vitalie Rimbaud, longtemps incarnation de la marâtre. Par un étrange effet de balancier, la même femme se voyait désormais couverte de lauriers, ses adorateurs lui trouvant sinon tous les mérites, du moins de bonnes raisons d'agir comme elle l'avait fait. Symbolique, l'évolution du poète Yves Bonnefoy. Dans une étude publiée en 1961, il qualifiait la mère « d'être d'obstination, d'avarice, de haine masquée et de sécheresse ». Vingt ans plus tard, le même faisait son mea culpa : « J'ai un peu regretté, ultérieurement, ce portrait aux couleurs si noires. »

Chacune de ces représentations souffrait à mon sens de la même insuffisance : Vitalie Rimbaud était envisagée sous un seul angle : son lien avec Arthur. Or, cette femme, si j'ose dire, était un « tout » : épouse, cheffe de famille, et mère de trois autres enfants dont elle ne s'était pas moins occupée. Son attitude à l'égard de Frédéric en dit autant sur la femme qu'elle était que sa relation avec Arthur (sa haine pour le premier ne donne-t-elle pas la mesure d'une affection terriblement déçue ?). Et j'étais stupéfait de constater que pas un biographe n'avait rendu compte de l'arrêt de la cour d'appel de Nancy qui récapitulait les étapes du conflit entre Frédéric et sa mère. Peut-être à tort, je voyais dans ce désintérêt un mépris de classe, le dédain des savants de la Sorbonne pour la vie de l'autre

Rimbaud, vu comme un moins-que-rien, un rebut social.

Cette histoire, je tenais à la raconter d'un point de vue différent, celui des « petits », cultivateurs, journaliers, domestiques, cette population méprisée par la famille Rimbaud, et dans son sillage, par ceux qui ont écrit sur elle (à quelques exceptions, comme André Suarès ou Robert Goffin). Face à la parole des notables, des bons élèves du collège de Charleville, je souhaitais tendre un micro imaginaire aux descendants de ces « vies minuscules », ces vies qui, pour Frédéric, avaient beaucoup compté. Et à travers elles, faire entendre, sinon la voix de l'autre Rimbaud, du moins sa version des faits.

Effacé

Elle avait annoncé qu'elle mourrait un jeudi : dans sa famille, disait-elle, tout le monde était mort le jour de la lessive. La veille, au matin, elle avait tenu à s'agenouiller pour recevoir l'extrême-onction. Le soir, elle avait fermé toutes les portes, refusant de se coucher, et elle était restée ainsi, assise dans son fauteuil Empire.

Le vendredi 2 août 1907, Frédéric Rimbaud, son fils, et Pierre-Eugène Dufour, son gendre, se rendirent à la mairie de Chuffilly-Roche pour déclarer le décès de Vitalie Cuif, veuve du capitaine Frédéric Rimbaud, à l'âge de quatre-vingt-deux ans. La mère s'était éteinte sur ses terres, dans la demeure léguée par ses aïeux. Il était probable que, de sa vie entière, jamais elle n'avait lu un poème de son deuxième fils, Arthur. Ce qu'elle avait bien voulu retenir de lui, sa fierté, c'était que « par son travail, son intelligence, sa bonne conduite, il avait amassé une fortune et amassé très honnêtement ».

Ce n'était pas comme son aîné, Frédéric. « Un menteur et un hypocrite ! », disait-elle les derniers temps.

La méchanceté conserve. Jusqu'à la fin, la mère avait continué à déverser sa bile : sur les Fricoteaux, ses voisins, qui avaient enrôlé tous les ouvriers du village pour faire leurs ouvrages ; sur Marie, sa gouvernante, qui n'écoutait jamais ses conseils et prétendait faire tout mieux que les autres ; sur les francs-maçons qui gravitaient autour d'Isabelle, son beau-frère surtout, Jacques Dufour, un député socialiste qu'elle avait en horreur.

« Depuis qu'il n'y a plus de religion, il n'y a plus d'honnêteté, écrivit-elle à sa fille. C'est sans doute pour récompenser les francs-maçons qu'on nous oblige à leur donner quinze mille francs par an, après qu'ils ont volé toutes les propriétés religieuses, et nous que deviendrons-nous, avec nos propriétés ? Que nos parents et nous avons gagnées en travaillant, et vous vivez avec ces gens-là ? Je crains que cela ne tourne mal pour vous. »

Ce qu'elle avait pu les maudire, ces parlementaires qui avaient voté la loi de séparation de l'Église et de l'État ! Ces percepteurs, ces gendarmes, ces préfets, qui profanaient les églises, enfonçant les portes à coups de hache pour y faire leurs inventaires ! À Roche, elle se signait devant le mur de la grange où était incrustée la statuette de la Vierge. Le soir, afin de chasser le diable, elle bénissait la maison, y compris la chambre de Marie, et celle-ci avec. Prévoyante, elle s'était arrangée avec le curé de Chuffilly pour qu'après sa mort des recommandations fussent données en sa mémoire, et aussi en celles d'Arthur et de Vitalie.

Au village, les enfants la prenaient pour une sorcière, cette femme sèche et de noir vêtue. Les fillettes gloussaient quand elle traversait la route avec son ombrelle blanche. Les garçons donnaient des coups de pied à l'enclos qui abritait la fontaine, celle qu'elle avait obstruée des années plus tôt. Alors, elle surgissait, leur criant que s'ils continuaient, l'esprit de la source les rendrait aveugles, et tous, ils s'enfuyaient en hurlant.

Aux filles de Frédéric, Émilie et Nelly, qui avaient manifesté le désir de la voir avant sa mort, elle avait fait répondre ceci :

« Je les verrai aux pieds de Dieu, si elles en sont dignes ! »

À l'entendre, elle était de ces créatures destinées aux tourments les plus cruels.

« Au moment où je me prépare à écrire, confiait-elle à Isabelle, il passe ici beaucoup de militaires, ce qui me donne une très forte émotion, en souvenir de votre père avec qui j'aurais été heureuse si je n'avais eu certains enfants qui m'ont tant fait souffrir. »

Femme de devoir, elle avait laissé ses affaires en ordre. Pour sa fille, elle avait conservé dans une grande poche un tas de papiers avec les noms de tous ses débiteurs : Lefèvre qui n'avait pas payé le blé et la luzerne de l'année dernière, Dauphin qui ne voulait pas quitter la maison quand bien même il ne réglait plus le loyer, Lecourt-Bocquillon qui lui devait douze cents francs. Dans cette poche, il y avait aussi de l'argent. Pour payer son enterrement, avait-elle dit.

Le choix de son « dernier local » – c'était ainsi qu'elle disait – avait été la grande affaire de la fin de sa vie. Cheffe de clan, la mère avait prévu de reposer dans la mort avec ceux qui l'avaient entourée dans la vie. Aussi avait-elle entrepris de faire construire un caveau. Après avoir obtenu l'autorisation du maire, elle sollicita le préfet afin de pouvoir exhumer les restes de sa fille Vitalie et de son père, restes qu'elle décida de réunir dans un seul et même cercueil.

Elle commença par ceux de Vitalie.

« Quand je suis arrivée, expliqua-t-elle, le cercueil était déjà ouvert, j'en ai retiré tous les os, et toutes les chairs pourries, ce qu'on nomme cendres. Aucun os n'était cassé, mais ils étaient tous détachés les uns des autres, cependant il y avait encore des côtes qui tenaient ensemble par deux ou trois, et avaient tout à fait conservé la forme de la poitrine. Le crâne était tout à fait intact, encore recouvert de la peau gâtée, et beaucoup de petits cheveux très fins, si fins qu'on les voyait à peine. J'ai placé tous ces débris dans un grand drap très blanc que j'avais porté exprès, et j'ai déposé le tout dans un cercueil en bon chêne, que j'avais fait préparer d'avance. »

Ce fut ensuite au tour des restes de son père, décédé quarante ans plus tôt, d'être exhumés.

« Tous les os très bien conservés, tête complète, la bouche, les oreilles, le nez, les yeux, rien de cassé. On a remis le tout dans le même cercueil que ma pauvre Vitalie. »

Quant au cercueil d'Arthur, elle se réjouissait de l'avoir trouvé dans un état de « conservation extraordinaire ».

Elle avait tout organisé, jusqu'à l'emplacement de chaque défunt.

« Ma place est prête, disait-elle, au milieu de mes chers disparus, mon cercueil sera déposé entre mon bon père et ma chère Vitalie à ma droite, et mon pauvre Arthur à ma gauche (…) j'ai fait venir le fossoyeur, et je lui ai bien fait voir où je veux être. Il m'a très bien comprise. »

Perfectionniste, la mère voulut s'assurer, avant de faire sceller le tombeau, que ses instructions avaient bien été respectées. Elle demanda donc aux ouvriers de la faire descendre au fond du caveau. Ceux-là auraient pu s'offusquer, dénoncer un sacrilège, mais ils avaient fini par s'habituer aux curieuses exigences de cette maîtresse femme, qui les commandait comme un homme. Ils se répartirent donc la charge. Deux ouvriers la prirent par les épaules et deux autres par les pieds. Nullement effrayée de se retrouver dans cette position, à la merci de ces hommes qui sentaient la sueur, elle continua à les diriger du même ton autoritaire qu'elle usait avec les journaliers qui venaient travailler sur son domaine. « À droite ! à gauche ! attention à la marche ! » Après l'avoir posée sous terre, ils la laissèrent seule quelques instants. Elle observa les deux petits murs de brique où serait posé son cercueil, et y disposa une croix et un rameau de buis.

Ainsi, cette femme qui n'aimait rien laisser au hasard (et pas davantage à la grâce de Dieu), cette femme qui voulait conserver un contrôle absolu sur ceux qu'elle considérait être « les siens », avait fait en sorte de pouvoir continuer à régenter le destin de sa descendance après sa disparition. À chacun, toujours, elle avait attribué une place immuable : aussi bien quand ils se rendaient, enfants, au marché ou à la messe – les deux fillettes à l'avant, puis les deux garçons – que dans le sanctuaire où ils allaient bientôt reposer. De cet ordre-là, de cette fratrie reconstituée outre-tombe, Frédéric serait le seul à manquer. Celui dont le nom serait effacé. Exclu dans la mort après l'avoir été durant sa vie.

La remontée du caveau fut plus délicate, notamment quand les ouvriers eurent à soulever la mère dans cet espace minuscule. Mais pas un instant elle ne montra de signes d'appréhension, ni ne fut effarouchée de cette promiscuité physique avec des inconnus. Elle avait depuis longtemps passé l'âge de ce genre de pudeur.

*

Le jour des funérailles de Vitalie Cuif, épouse Rimbaud, le lundi 5 août 1907, le notaire de la famille, Maurice Taillet, et son épouse Louise se rendirent à l'église Saint-Rémi, à Charleville, afin de lui rendre un dernier hommage. Dans l'assistance, ils furent surpris de trouver uniquement Isabelle Rimbaud et son époux. Ils s'excusèrent de leur présence, à l'évidence inopportune. D'un air navré, Paterne Berrichon leur confia alors que sa femme et lui n'avaient fait en réalité qu'exécuter les volontés de Mme Rimbaud.

« Oublié » lors des obsèques de son frère, Frédéric fut ainsi proscrit de celles de sa mère. Il n'en fut pas surpris. Sa mort, peut-être s'en serait-il réjoui des années plus tôt. Peut-être même l'aurait-il espérée, attendue. Toute sa vie, il s'était senti empêché, corseté, et il avait beau avoir fui à des milliers de kilomètres, en Algérie, toujours il lui avait semblé que le regard métallique de la mère le suivait, le jugeait, le déconsidérait. Toujours, il lui avait semblé entendre cette voix hostile :

« Tu es un bon à rien ! »

Il lui avait résisté cependant, il avait réussi à se

marier, contre sa volonté, mais à quel prix ? Tant de luttes, de désillusions, les avaient épuisés, Blanche et lui, avant même que le mariage ne fût consacré. Aidée par Isabelle, la mère avait dévoré ses fils. Les deux femmes s'étaient emparées de l'œuvre d'Arthur, en avaient détourné le sens et l'esprit. De lui, Frédéric, elles avaient pris le peu qu'il avait laissé, ses enfants. L'un et l'autre, ils avaient capitulé. Arthur avait arrêté d'écrire à vingt ans, avant de se consumer dans ces pays arides où rien ne poussait. Frédéric, lui, avait fini par se ranger sous la loi des Cuif, la loi du silence, reddition sans condition. Résigné à son sort. Indifférent à leur avarice, à leur rapacité, à leurs mesquineries, et ce bannissement *post mortem* n'en était qu'une parmi beaucoup d'autres.

Ce même jour des obsèques de Vitalie Rimbaud, le buste de son fils Arthur, à Charleville, fut recouvert d'un drapeau noir. Personne ne sut qui eut l'idée de ce clin d'œil : un membre de la famille – mais qui ? – ou, plus probablement, un admirateur du poète qui eut vent de la disparition de cette mère qu'Arthur avait décrite « aussi inflexible que soixante-treize administrations à casquettes de plomb ».

*

La mère disparue, il fallut partager les terres. Solder le passé. Bénir les morts et se tendre la main. Pardonner.

Faire la paix, enfin.

Rendez-vous fut pris le jeudi 10 octobre 1907, à dix heures, dans la maison de Roche.

Voilà trente ans maintenant que Frédéric s'était installé dans le pays. Méconnaissable, le beau soldat à la peau tannée par le soleil d'Algérie ! L'autre Rimbaud s'était élargi, trapu et voûté, des traces de couperose sur les joues. Les boucles blondes avaient disparu. Quelques dents aussi. On l'eût dit dérangé par ce corps qui avait pris trop de volume, et souvent il avait des gestes brusques, maladroits. Sa casquette de poulbot, à présent peluchée, ne le quittait plus. Il s'était fait pousser la moustache, ce qui lui donnait un air sérieux ; s'était mis à fumer la pipe. Dans le pays, on disait qu'il forçait un peu sur la bouteille, mais ce n'était pas certain, et d'Attigny, il était loin d'être le plus pochetron. On prétendait aussi qu'il fréquentait une femme, de bonne réputation celle-ci, la veuve Cuny, qui avait à peu près son âge : elle tenait le magasin de faïence et de porcelaine, à l'angle de la place Charlemagne. Encore aujourd'hui, on le voyait susurrer à l'oreille de ses chevaux, les caresser avec un peu trop d'affection.

« Eux, au moins, ils font aucun mal ! », disait-il.

C'était parler trop vite. Le mois précédent, après une embardée pour éviter une automobile sur la route du Chesne, il était tombé, jambe salement amochée. Il boitait depuis, maudissant ces nouvelles machines qui faisaient un boucan de tous les diables. Le docteur avait diagnostiqué un petit os brisé à l'intérieur du genou, mais rien de grave : ça ne l'empêcherait pas de reprendre son travail ni de remarcher normalement.

Frédéric était devenu une figure populaire à Attigny. Ces dernières années, le bourg s'était agrandi. La population avait doublé, près de deux mille habitants, des manufactures s'étaient installées – une sucrerie, une fabrique de chaussons. L'éclairage électrique commençait à fonctionner, et sur la place Charlemagne, un nouvel hôtel de ville avait été bâti. Dans les champs, des paysans aisés travaillaient maintenant avec des faucheuses, des moissonneuses, des batteuses à vapeur, des semoirs mécaniques.

L'autre Rimbaud s'était investi dans la vie locale. Il venait d'être nommé au conseil d'administration de la société de secours mutuel, siégeant au côté du docteur Beaudier, du notaire Léon Lebègue, ou du propriétaire de l'Hôtel de la Gare, son patron, Henri Balteau. Ces sociétés, qui essaimaient un peu partout en France, venaient en aide aux victimes d'accidents, aux chômeurs. L'an passé, Frédéric s'était illustré en proposant qu'une somme fût allouée aux sinistrés de la catastrophe de Courrières, où un coup de grisou dans le bassin minier du Pas-de-Calais avait fait plus de mille morts. Son nom avait figuré dans *Le Petit Ardennais*. Depuis *Germinal*, le roman de Zola, les conditions de travail de la classe ouvrière étaient souvent dénoncées, et les grèves de plus en plus dures, comme celle des cordonniers de Fougères, en Bretagne, qui venait de s'achever. Frédéric se sentait solidaire de ces misérables, dont beaucoup étaient d'anciens cultivateurs, journaliers, partis en ville; et il souffrait mal les simagrées d'Isabelle, cœur chrétien peut-être, mais portefeuille à sec, qui ne se privait pas de railler ces prolétaires qui, si on les écoutait, disait-elle, se laisseraient aller à leurs penchants naturels, la paresse et le désordre.

*

Dans la salle à manger, au bout de la grande table en chêne, cette même table où la mère avait coutume de faire ses comptes, maître Maurice Taillet, fringant trentenaire, belle allure et diction parfaite, énumérait, parcelle par parcelle, les superficies, les localisations, les dénominations des lieux-dits :

« *La Chaussenette*
L'Arbre agile

Le Bois de l'épice
Le Champ aux chevaux
Les Noires Terres
Le Pain perdu
La Culée de Méry
Le Poirier bâtard
Le Chemin des Romains
Le Poirier des fillettes
La Roue de fortune
Le Grand Vivier
Les Grandes Ombres »

C'était long, fastidieux. Il faisait froid, et Isabelle s'était levée pour faire un feu. Du manteau de la cheminée où il avait été posé, le buste d'Arthur Rimbaud, sculpté par Berrichon, semblait lui aussi s'ennuyer ferme. De l'autre côté, près du pendule, les volumes du poète avaient été rangés sur des étagères, suspendues au-dessus d'un fauteuil en velours rouge, ainsi que d'une petite table Louis XVI éclairée par une lampe en porcelaine. Sur les murs, une estampe représentant le Christ au mont des Oliviers, un croquis de la maison au soleil couchant, qu'Isabelle avait dessiné, un portrait du capitaine Rimbaud et un crucifix.

Au total, une centaine de terres étaient réparties entre Frédéric et Isabelle. Pour prix de son silence sur la vie de son frère Arthur Rimbaud, le premier en recevait la moitié, vingt-quatre hectares environ. Aussitôt, il fit une donation à ses enfants, conservant toutefois l'usufruit. Autrement dit, jusqu'à sa mort, Frédéric serait l'unique bénéficiaire du produit de ces terrains, mille deux cents francs par an, le salaire d'un employé.

En réalité, ce partage était un marché de dupes.
L'essentiel de la fortune familiale avait été accaparé par la sœur, à l'occasion de son mariage, ou des donations faites par la mère au fil des années. Cette maison par exemple, le berceau des Cuif, Isabelle en était la propriétaire depuis vingt ans. Tout ça, Frédéric ne l'ignorait pas. Mais aussi bien par fatalisme que par désintérêt, jamais il ne s'en était indigné. Et ce matin, donc, il faisait semblant,

peut-être pour ne pas gâcher la « joie » de cette réconciliation, de croire à la fable d'un « partage à parts égales ».

Tous, maintenant, s'étaient levés. Isabelle s'approcha de Frédéric, qui avait gardé sa casquette à la main.

« Tu vois, je ne t'avais pas menti, maman a été juste. »

Se pouvait-il que cette femme fût sa sœur? Ce visage de cire, ce masque de fausse humilité... Il eut voulu lui lancer la tirade de Ruy Blas à don Salluste : « J'ai l'habit d'un laquais, vous en avez l'âme ! » Dire qu'il avait été choisi pour être son parrain... Récemment, de vagues souvenirs du baptême lui étaient revenus : sa fierté au moment de signer le registre, ou lors de la bénédiction, quand il avait tenu le bébé dans ses bras.

« J'aurais mieux fait de le laisser s'écraser sur la dalle », se disait-il.

Il ne lui avait pas échappé non plus que pas un mot n'avait été dit sur les œuvres d'Arthur. Elles commençaient à rapporter un peu, pourtant. En Belgique, en Italie, en Allemagne, des études avaient été publiées, des traductions étaient en cours, des contrats signés.

« C'est de l'or ! », s'était exclamée Isabelle devant Émilie, la fille aînée de Frédéric, qui, après l'orphelinat, venait de passer quelques mois chez sa tante, à Paris.

Frédéric s'était mis à collectionner les articles sur Arthur, des critiques dans la presse ou dans des revues littéraires. Souvent, il lui arrivait d'être apostrophé dans la rue, à Attigny ou à Vouziers.

« C'est bien vous l'autre Rimbaud ? le frère du poète ? »

Alors il rougissait, comme au collège, quand on le pressait de questions sur ce phénomène qui raflait tous les premiers prix, et qu'il répondait :

« Arthur ? Il est épatant ! »

Sur son attelage, il rêvassait parfois à ce qu'il dirait aujourd'hui :

« Oui, c'est bien moi, le frère d'Arthur Rimbaud, l'autre Rimbaud comme vous dites, ça ne se devine pas au premier coup d'œil, hein ? et pourtant, enfants, c'était fréquent qu'on nous confonde. Arthur est mort, mais ça ne veut rien dire vous savez, c'est seulement administratif. La vérité, c'est qu'il est encore là, parmi nous, vous ne le voyez pas, mais bientôt vous aurez de ses nouvelles, soyez patient ! Moi, il vient encore me visiter, la nuit, je vous jure que c'est vrai ; peut-être que chez vous aussi il viendra, il faut lui faire confiance, il n'a jamais supporté de rester à la même place ; il me fout la trouille, et ça le fait rigoler, il se fout de moi, comme il faisait avant, mais c'est pas méchant, non, il se moque pour ne pas pleurer ; il n'est plus temps d'être sérieux à nos âges ! Il dit que je n'ai pas changé, sauf les yeux.

"Trop tristes, tes yeux ! Pourquoi si tristes ? T'as de beaux enfants, non ?"

Il dit que je suis toujours ce bon vieux paresseux, et que j'ai bien raison, pas la peine de se noircir les idées tant qu'on existe, se fatiguer, c'est une chose déraisonnable. Lui, il dit qu'il a tout gâté, son entêtement à marcher, à travailler, c'est pour ça qu'on lui a coupé la jambe… Il le répète chaque fois qu'il vient : "Te laisse pas amputer frangin ! Souviens-toi, le vagabond à la jambe de bois ! Fais-toi charcuter, déchirer, mettre en pièces, mais pas amputer ! Et si la mort vient, crois-moi, ce sera encore mieux que la vie avec une jambe en moins !" »

« Frédéric ? Il rêve encore, ce brave Frédéric ! »
C'était le notaire. Il s'excusait, il ne pouvait pas rester déjeuner. Il lui passa la main sur l'épaule.
« Vous allez pouvoir vous arrêter, maintenant ? »
S'arrêter ? Quelle idée ! Et pour quoi faire ? Conducteur d'omnibus il était, conducteur d'omnibus il resterait. C'était ainsi que chez lui, à Attigny, Frédéric Rimbaud était utile et estimé. Et c'était bien ainsi qu'il comptait demeurer.

*

Engagé dans la marine comme ouvrier mécanicien, Léon, le fils de Frédéric, n'entendait rien à la poésie. Sa ressemblance avec son oncle Arthur était toutefois étonnante. Et plus d'un s'y laissa prendre, croyant que le poète avait laissé un enfant. Pour cette raison peut-être, Isabelle s'était prise d'affection pour lui, l'abreuvant de conseils, de recommandations morales, l'alertant sur ses devoirs.

« Il faut que non seulement tu gardes sans tache le nom de Rimbaud, mais il est indispensable aussi que ce nom, tu ne l'abaisses dans aucun compromis, que tu ne le soumettes à aucun emploi qui sente la dérogation ou la domesticité. »

Comment lui expliquer, sans le blesser, que Frédéric avait sali le nom de la famille, qu'il était un domestique, ce mot qui claquait à ses oreilles comme une injure ?

De ce père qui, selon elle, vivotait au bas de l'échelle sociale, Isabelle voulait entraîner Léon le plus loin possible. Aussi, quand son neveu envisagea de demander une permission pour revenir dans les Ardennes, Isabelle exigea qu'il demeurât dans sa maison, à Roche, et non chez Frédéric.

Et Léon, bien entendu, obéit.

Sur Émilie, en revanche, Isabelle avait bien du mal à imposer son autorité. Elle avait beau la gifler, la fille aînée de Frédéric ne se gênait pas pour lui répondre.

« Mais que feras-tu quand tu seras mariée ?
— Rassurez-vous ma tante, une fois mariée, je ferai ce que je voudrai. Et vous n'aurez plus le droit de vous en mêler ! »

Après avoir vécu à Paris, dans l'appartement des Dufour, Émilie venait d'être « rapatriée » à Roche. Elle avait vingt-trois ans. Un caractère, avec un regard intense qui n'était pas sans rappeler celui de sa grand-mère.

Émilie ne supportait plus la tutelle d'Isabelle. Elle se confia à son père, mais celui-ci se contenta de hausser les épaules. Alors, un jour, de désespoir, elle alla voir le curé de la paroisse de Chuffilly.

« Trouvez-moi un mari, bossu, bancal, n'importe comment, mais que je quitte cette famille ! »

Le curé en parla autour de lui. Son confrère de Rilly signala la présence d'un célibataire, au Mont-de-Jeux, issu d'une bonne famille de Rethel : Edmond Teissier, rentier, trente-quatre ans. Un dimanche de juin, une promenade fut organisée jusqu'à Rilly, et le principe d'une union accepté par les deux familles.

Le mariage eut lieu le mercredi 26 août 1908, à Chuffilly. Ce matin-là, tous les Rimbaud furent réunis pour la première fois depuis longtemps.

Frédéric, habit noir trop serré, plastronnant à l'heure de conduire sa fille à l'autel.

Nelly, la sœur d'Émilie, demoiselle d'honneur, à qui viendrait bientôt le tour de prendre un époux.

Léon, frère et témoin de la mariée ; Paterne Berrichon, l'oncle par alliance, l'homme qui, à coups d'articles dans *Le Mercure de France*, contribuait à hisser le nom Rimbaud au firmament des lettres françaises.

Tout un monde rassemblé, donc, sous les yeux d'Isabelle, cheveux coiffés en bandeau, silhouette bien droite. Altière.

On ne rassemble jamais mieux les uns qu'en excluant les autres. Les autres, en l'occurrence, c'étaient les Justin, à qui l'on avait bien signifié que leur présence, lors de la cérémonie, n'était pas souhaitée. Le maire et le curé avaient été alertés : Isabelle ne voulait pas d'incident.

Au cours du banquet, il fut beaucoup question d'Arthur Rimbaud. Les Dufour citèrent les nombreux écrivains, Victor Segalen, Paul Claudel, André Gide, qui les avaient sollicités, qui pour visiter la maison de Roche, là où fut écrit *Une saison en enfer*, qui pour éclaircir le mystère d'un génie si précoce, si fulgurant. Au curé, ils rappelèrent combien le poète fut attaché à la foi catholique. Et Isabelle d'ajouter que son frère avait vécu sans un vice, «tellement méprisant des misérables passions de la chair».

Autour de la table, les convives se regardèrent, l'œil moitié égrillard, moitié ironique. Frédéric, lui, préféra se taire. Ce n'était ni l'heure ni l'endroit. Il n'y aurait pas de grande explication autour d'Arthur, il s'y était toujours refusé. À quoi bon, à présent ?

Au moment du dessert, Berrichon se leva, un livre à la main, et se mit à lire des poèmes de ce beau-frère qu'il n'avait jamais connu. Cependant il bégayait, et les hôtes n'entendaient rien. Il fallut l'intervention du curé pour le faire taire.

« C'est assez monsieur Dufour ! Pas le jour du mariage ! »

*

Le mercredi 28 juin 1911, en début d'après-midi, alors qu'il revenait d'une livraison de marchandises à Vouziers, Frédéric Rimbaud, sans raison apparente – une insolation ? –, bascula de sa carriole, tandis que ses deux chevaux filaient au galop. Sa jambe gauche se coinça dans la roue. Il poussa un hurlement terrible qui fit sursauter un paysan passant par là. L'accident eut lieu à la sortie de la ville, au moment où Frédéric était sur le point de s'engager sur la route de Voncq. Les chevaux avaient poursuivi leur course, et la roue, qui avait continué à tourner, avait broyé la jambe du camionneur. Quand le paysan, après avoir couru pour lui porter secours, arriva sur les lieux, Frédéric criait comme un supplicié. La toile de son pantalon avait été arrachée au niveau du genou, et l'on pouvait voir, à travers les lambeaux de chair, le fémur brisé. Il faisait une chaleur épouvantable ce jour-là, et le paysan, qui avait une gourde accrochée à sa ceinture, trempa le front du blessé, qui ne portait ni chapeau ni casquette, avec de l'eau tiède. Puis, il se rendit compte, en voyant le sang abonder sur le chemin en terre, que la jambe entière avait été ravagée, le mollet, la cheville, et même le pied. Les deux chevaux, eux, s'étaient arrêtés, et ils restaient là, sans se retourner, à attendre les ordres de leur maître.

Le paysan s'appelait Eugène. Il n'avait pas vingt ans. C'était un de ces journaliers qui avait réussi à se placer chez un propriétaire pour les moissons. Profitant d'une pause, il était allé faire un tour et s'était perdu. Il scruta autour de lui, espérant trouver de l'aide. Mais à cette heure-ci, par cette température, on ne voyait personne dans les champs. Il jugea plus sage d'attendre le passage d'une carriole, non sans avoir essayé de déplacer le blessé sur le bord de la route. Mais Frédéric, d'un regard apeuré, lui avait fait comprendre que la douleur était insupportable, et Eugène avait préféré interrompre l'opération. Les deux restèrent donc ainsi, au milieu du chemin, à prier pour qu'une voiture arrivât aussi vite que possible. Eugène craignait la réaction de son patron, qui devait maintenant s'impatienter. Et plus d'une fois, il fut sur le point de se lever et d'abandonner Frédéric à son sort. Mais, à chaque fois, celui-ci se cramponnait à sa manche, gémissant un «non!» avec une telle force, un tel désespoir, que le paysan fut envahi d'une pitié immense, une pitié qu'il n'avait jamais éprouvée, même pour Jésus sur la Croix.

Impossible de dire combien de temps Frédéric et Eugène restèrent sous le cagnard. Des essaims de mouches, de guêpes, tourbillonnaient autour de la jambe de Frédéric, et Eugène devait sans cesse ôter sa casquette pour les chasser. Au bout d'un long moment, donc, surgit une voiture de voyageurs. En découvrant l'état de Frédéric, qui avait presque perdu connaissance, une fillette rendit son déjeuner. La dizaine de passagers décida unanimement, malgré le retard occasionné, de transporter le blessé à l'hospice de Vouziers, au grand soulagement d'Eugène. Celui-ci reprit sa gourde, demanda son chemin, et coupa à travers champs pour rejoindre sa ferme. Il ne pensa même pas à saluer Frédéric.

Dès son arrivée à l'hospice, Frédéric eut une pensée pour sa vieille casquette, perdue la veille. Il fut certain qu'on allait lui couper la jambe, comme on l'avait fait à Arthur. Et qu'à son tour il en crèverait.

« Te laisse pas amputer frangin ! Souviens-toi, le vagabond à la jambe de bois ! »

Portait-il une barbe ? était-il chauve, cet homme qu'ils avaient laissé inanimé, la figure en sang, gisant sur la chaussée du quai de la Madeleine ?

L'heure du châtiment était venue, pensa-t-il.

Le médecin qui l'examina conclut à une simple fracture. Il prescrivit deux mois de repos et lui donna de la morphine. Frédéric se crut sauvé. C'était une alerte, sérieuse cette fois-ci. À l'avenir, il devrait se montrer plus prudent, ne pas boire un dernier verre avant de reprendre la route, et surtout, avec ce soleil, ne pas sortir le crâne découvert. Il n'avait plus vingt ans.

Autour de lui, de pauvres diables, des vieillards pour la plupart, anciens ouvriers ou vagabonds, silencieux, indifférents les uns aux autres. Cependant, quelque chose n'allait pas. La douleur,

loin de se calmer, se répandait dans tout son corps, lancinante, térébrante, meurtrière. Frédéric sentait sa chair bouillir, remuer en tous sens, comme si des vers s'étaient mis à grouiller à l'intérieur. Il appela une infirmière, mais personne ne vint. Il beugla. Ses voisins l'imitèrent. On lui redonna de la morphine. La surveillante chef le tança :
« C'est la dernière fois, vous avez déjà dépassé la dose. »
La nuit fut affreuse, il se débattit en des spasmes abominables, assailli des visions les plus atroces. Toujours il se retrouvait à Orléansville, en Algérie, toujours cette chaleur insupportable. La mère et la sœur commandaient la compagnie. À la moindre objection, au moindre mot de travers, c'était le conseil de guerre, et chaque jour, des charrettes entières de soldats partaient pour Alger, et lui, il ne savait pas quoi faire, écartelé entre son devoir d'obéissance – il était sergent, ma foi –, et l'indignation, la révolte que lui inspirait la conduite des deux femmes. Arthur était là aussi. Il prenait des douches toute la journée, il disait que c'était pour réfléchir, pour son cerveau, que c'était grâce à ça,

aux douches, qu'il était devenu si intelligent. Le reste du temps, il ne faisait rien d'autre qu'écrire, des gribouillages obscurs sur des feuilles à l'en-tête de la compagnie. La mère et Isabelle lui passaient tout, ses colères, ses caprices, ses injures, elles le regardaient avec tendresse, affection. Mais un jour, il disparut. Il était mort, lui apprit une sentinelle, et son corps avait été brûlé. Et Frédéric avait compris que la mère et Isabelle l'avaient tué, mais ça, il ne devait le dire à personne, autrement lui aussi il finirait dans une charrette pour Alger, avec Laffont, Larquet, Cadenat, tous ceux qui avaient été fichus là par sa faute, et déjà, il sentait leurs baïonnettes, à ces trois-là, en train de s'enfoncer dans sa jambe ouverte, d'y écraser la chair qui restait, comme des bouchers avec de la viande avariée. Il comprit que si Arthur avait été liquidé, c'était à cause de ce qu'il avait écrit, parce qu'il avait tout dit, tout révélé, leur ignominieuse saloperie. Alors il se mit à fouiller toutes les poubelles du baraquement, mais rien, il n'y avait plus rien, et, pris au piège, il ne lui resta plus qu'à s'agenouiller et à prier. Elles avaient tout brûlé, et les cendres des papiers à l'en-tête de la compagnie avaient été mélangées à celles d'Arthur avant d'être dispersées dans le désert...

À l'aube, Frédéric Rimbaud flottait dans un bain de sueur. Il comprit qu'il ne lui restait que quelques heures. On appela un prêtre.

À Isabelle, venue à son chevet, qui lui demanda s'il voulait être enterré dans le caveau familial, près de la mère, d'Arthur et de Vitalie, Frédéric répondit :
« Oh non, Isabelle ! Vous m'avez fait trop de mal de mon vivant pour que j'aille avec vous étant mort ! »

*

Il y eut du monde aux obsèques de Frédéric Rimbaud. Sa famille bien sûr – ses enfants, sa sœur, ainsi que leurs conjoints –, mais aussi beaucoup d'habitants d'Attigny, émus par cette disparition brutale.

Sans une parole, sans une indication, le vieux cheval de Frédéric, Bijou, conduisit de lui-même le cortège funèbre de l'Hôtel de la Gare à l'église ;

longeant la grande avenue et ses maisons cossues, contournant la place Charlemagne, puis s'arrêtant devant le portail. Après que le cercueil fut sorti du corbillard, il se mit à taper du sabot, comme lorsqu'il attendait les ordres de son maître.

Épilogue

Epilogue

*F*rédéric Rimbaud était-il un raté, un de ceux pour lesquels j'aime tant m'enthousiasmer ? À l'évidence, oui. Détesté par sa mère, quitté par sa femme, méprisé par son frère, privé de ses enfants, lésé par sa sœur, sans oublier sa peu glorieuse participation à Biribi, le bagne français. Difficile, en apparence, d'avoir une vie plus ratée.

Et pourtant, un acte le sauve. Il fut à un instant cet homme révolté, cet « homme qui dit non », pour reprendre la définition d'Albert Camus : non à sa mère, et cela peut sembler risible, dérisoire, mais ce fut à son échelle un geste déterminant, qu'il paya au prix fort. Non à un système clanique, brutal, « un système de terrorisme », pour *reprendre les mots d'Ernest Delahaye, ce camarade de classe qui avait recueilli les confidences des frères Rimbaud.*

Alors oui, raté peut-être, mais au moins Frédéric eut-il le cran de quitter sa position de fils de famille pour vivre la vie qu'il s'était choisie, plutôt que d'endurer les brimades maternelles.

Et Arthur Rimbaud alors, qui à quinze ans se rêvait l'égal de Hugo, et qui a terminé sa vie en Abyssinie, négociant anonyme après une vie d'ennui, de souffrances et de labeur ? N'était-il pas lui aussi un raté ?

Sa correspondance africaine, interminable complainte s'étirant sur une décennie, suffirait à s'en convaincre :

« Je suis excessivement fatigué, je n'ai pas d'emploi à présent, j'ai peur de perdre le peu que j'ai, figurez-vous que je porte continuellement dans ma ceinture seize mille et quelques cents francs d'or, ça pèse une huitaine de kilos, et ça me flanque la dyssenterie (...) Je dois donc passer le reste de mes jours errant, dans les fatigues et les privations,

avec l'unique perspective de mourir à la peine », *écrivait-il au Caire, le 23 août 1887.*

Arthur Rimbaud allait sur ses trente-trois ans. Cette modeste fortune qu'il avait réussi à amasser après tant d'efforts, voilà qu'il la portait comme un fardeau, à la façon d'un vagabond, d'un fou.

Quelques années après, sur son lit d'hôpital, à Marseille, tandis qu'on venait de l'amputer, l'intéressé n'avait plus aucune illusion :

« Enfin, notre vie est une misère, une misère sans fin! Pour quoi donc existons-nous? », demandait-il à Isabelle.

Un mythe peut-il être un raté ?
Un homme qui a laissé une œuvre, une œuvre qui a bouleversé l'histoire de la littérature, et continue à bouleverser des millions d'individus à travers le monde, peut-il être considéré comme un raté ?
Évidemment non.
Et pourtant, cet autre Arthur Rimbaud, ce négociant atrabilaire, ermite et marchand d'armes, a bel et bien existé. Qui se foutait des honneurs après la

mort, à la façon d'un Achille, inconsolable quand Ulysse le rencontre aux Enfers :

« Ta gloire est immense, ô Achille. C'est un sort enviable...

– Oui, j'ai fini couvert de gloire, et alors ? Je préférerais mille fois être un obscur paysan mais vivant. »

Les médias, l'opinion, aiment célébrer les « puissants », les « grands hommes ». Puis un jour viennent la faillite, l'accident. Le romanesque naît ici, dans ces échecs, ces désastres, ces vies éloignées des caméras. Dans le silence autour d'elles, ce qu'il nous donne à imaginer. L'histoire de Frédéric, et aussi celle d'Arthur, ce sont des histoires de silence. Celui de l'enfance, quand, chaque matin, ils s'allongeaient sans rien dire dans une barque de tanneurs, en contrebas du collège de Charleville. Ou celui qu'ils opposèrent, une fois adultes, aux admirateurs, aux biographes, aux journalistes. Ils se sont tus, et d'autres ont parlé à leur place. Le silence est une musique, il s'écoute ; encore faut-il tendre l'oreille.

Bibliographie

Cet ouvrage n'aurait pas pu voir le jour sans le travail de Jean-Jacques Lefrère, décédé en 2015, qui a compilé tout ce qui a été écrit par et autour du poète, de 1868 à 1920. Somme prodigieuse, où figure la correspondance de la famille Rimbaud, dans laquelle j'ai abondamment puisé.

C'est également grâce au travail de Lefrère que j'ai découvert les notes d'André Suarès, qui donnent un éclairage passionnant, aussi bien sur l'œuvre du poète que sur les mystifications du couple Isabelle Rimbaud/Paterne Berrichon.

Parmi les autres sources qui m'ont accompagné lors de l'écriture de ce livre :

Jean-Baptiste Baronian, *Verlaine*, Gallimard, « Folio biographies », Paris, 2008.

Jacques Bienvenu, *Rimbaud ivre*, rimbaudivre.blogspot.com, depuis octobre 2010.

Yves Bonnefoy, *Notre besoin de Rimbaud*, Seuil, « La Librairie du XXIe siècle », Paris, 2009.

Pierre Brunel, *Ce sans-cœur de Rimbaud*, Verdier, 1999, et « Verdier Poche », Paris, 2009.

Georges Darien, *Biribi*, Albert Savine, 1890 ; Éditions Sillage, Paris, 2015.

Ernest Delahaye, *Rimbaud. L'artiste et l'être moral*, Albert Messein, 1923 ; Éditions du Cerf, Paris, 2007.

Philippe Duplayé, *La Vie à Attigny de 1789 à 1914*, publié à compte d'auteur.

Robert Goffin, *Rimbaud et Verlaine vivants*, Les Éditions l'Écran du monde, Bruxelles/Paris, 1955.

Julien Gracq, *En lisant en écrivant*, José Corti, Paris, 1980.

Claude Jeancolas, *Vitalie Rimbaud. Pour l'amour d'un fils*, Flammarion, « Grandes Biographies », Paris, 2004.

Pierre Michon, *Rimbaud le fils*, Gallimard, 1991, et « Folio », Paris, 1993.

Pierre Petitfils, Eva Thomé, Paul Humblet et Yanny Hureaux, *Paul Verlaine en Ardennes*, La Manufacture, « Les Classiques ardennais », Lyon, 1985.

Antoine Prost, *Les Français de la Belle Époque*, Gallimard, « Hors série Connaissance », Paris, 2019.

Remerciements

À ma collègue et amie Doan Bui, qui m'a encouragé, relu, ouvert des pistes.
À mes relecteurs, Charlotte Cieslinski, Filippo d'Angelo, Pierre Lévêque.
À la Maison des Ailleurs, à Charleville-Mézières, qui m'a accueilli en résidence d'écriture.
Aux équipes des archives départementales des Ardennes.
À Justine, de la médiathèque Voyelles.
Au service historique de la Défense.

À André Guyaux et Alain Tourneux pour leur disponibilité.
À Pascale Guérin, notaire à Attigny.
À Charlotte Braud et à sa capricieuse.
À Anne Rein et aux cerisiers de la Grégoire.
À Hélène Fouquet.
Et évidemment aux équipes de L'Iconoclaste, plus particulièrement Sophie de Sivry et Sylvie Gracia, pour leur confiance, leurs conseils et leurs encouragements.

Crédits photographiques :
Verso de la couverture :
BNF, département Estampes et Photographie
Verso de la quatrième de couverture :
Musée Arthur-Rimbaud, Charleville-Mézières

L'EXEMPLAIRE QUE VOUS TENEZ ENTRE LES MAINS
A ÉTÉ RENDU POSSIBLE GRÂCE AU TRAVAIL DE TOUTE UNE ÉQUIPE.

ÉDITION : Sylvie Gracia
COUVERTURE : Quintin Leeds
CORRECTION : Nathalie Capiez, Isabelle Paccalet et Vladimir Sichler
MISE EN PAGE : Soft Office
PHOTOGRAVURE : Axiome et Les Artisans du Regard
FABRICATION : Lucie Le Bon et Maude Sapin
COMMERCIAL ET RELATIONS LIBRAIRES : Adèle Leproux
avec Marie Bréhin
PRESSE/COMMUNICATION : Karine Vincent

DIFFUSION : Élise Lacaze (Rue Jacob diffusion), Katia Berry
(grand Sud-Est), François-Marie Bironneau (Nord et Est),
Charlotte Jeunesse (Paris et région parisienne), Christelle Guilleminot
(grand Sud-Ouest), Laure Sagot (grand Ouest), Diane Maretheu
(coordination) et Camille Saunier (ventes directes),
avec Christine Lagarde (Pro Livre), Béatrice Cousin et Marie Potdevin
(équipe Enseignes), Fabienne Audinet (LDS), Marine Fobe
et Richard Van Overbroeck (Belgique), Alodie Auderset (Suisse),
Mansour Mezher (grand Export)

DISTRIBUTION : Hachette

DROITS FRANCE ET JURIDIQUE : Geoffroy Fauchier-Magnan
DROITS ÉTRANGERS : Sophie Langlais
ACCUEIL ET LIBRAIRIE : Laurence Zarra
ANIMATION : Sophie Quetteville
ENVOIS AUX JOURNALISTES ET LIBRAIRES : Vidal Ruiz Martinez
COMPTABILITÉ ET DROITS D'AUTEUR : Christelle Lemonnier,
Camille Breynaert et Christine Blaise
SERVICES GÉNÉRAUX : Isadora Monteiro Dos Reis

Achevé d'imprimer en France par Normandie Roto Impression s.a.s.
à Alençon (Orne) en juillet 2020.

ISBN : 978-2-37880-152-6
N° d'impression : 2002824
Dépôt légal : août 2020

En France, un livre a le même prix partout. C'est le « prix unique
du livre » instauré par la loi de 1981 pour protéger le livre et la lecture.
L'éditeur fixe librement ce prix et l'imprime sur le livre.
Tous les commerçants sont obligés de le respecter.
Que vous achetiez votre livre en librairie, dans une grande surface
ou en ligne, vous le payez donc au même prix.
Avec une carte de fidélité, vous pouvez bénéficier
d'une réduction allant jusqu'à 5 % applicable uniquement en magasin
(les commandes en ligne expédiées à domicile en sont exclues).
Si vous payez moins cher, c'est que le livre est d'occasion.